सुनो, अग्निसम्भव

(कविताएँ)

हिमांशु जोशी

डायमंड बुक्स

www.diamondbook.in

प्रकाशक : डायमंड पॉकेट बुक्स (प्रा.) लि.
X-30, ओखला इंडस्ट्रियल एरिया, फेज-II
नई दिल्ली-110020
फोन : 011-40712200
ई-मेल : sales@dpb.in
वेबसाइट : www.diamondbook.in
संस्करण : 2024

Suno, Agnisambhav (Kavitayen)
by *Himanshu Joshi*

दो शब्द

शब्द का कोई सार्थक अर्थ होता है, अर्थ
का सार्थक आयाम, तभी किसी शब्द की भी सार्थकता
सिद्ध होती है।
छोटी-छोटी कविताओं के माध्यम
से यहाँ जो
कुछ कहने का प्रयास किया
गया है; वह इसी सार्थकता की
खोज का प्रयास है।
मानव नियति की विडम्बनाओं
को परिभाषित करती ये कविताएँ; कविताएँ ही नहीं,
अपने समय के छोटे-छोटे दस्तावेज भी हैं। इनमें
स्पन्दन करती, दम तोड़ती आस्थाएँ,
तिल-तिल रिसता आत्म-विश्वास,
कहीं गहरा क्षोभ,
गहरा आक्रोश–सब आज
के ही इतिहास के अंश हैं– दुख, दैन्य, शोषण!
विरासत में आज के
आदमी को इतना कुछ मिला कि वह इस
का भार अपने दुर्बल कन्धों पर उठा पाने में
असमर्थ अनुभव कर रहा है–
सदियों से यही सिलसिला / कापालिक की तरह /
हर रात तुम / आदमियों का आखेट करने आते हो /
हर रात रक्तपान कर / धरती रोंध कर चले जाते हो।
इन सीधी-सादी सरल कविताओं में
बर्फ की शीतलता
ही नहीं
कहीं गहरा आक्रोश भी।

छल-छद्म से
घिरी,
इस हिंस्र आखेट-भूमि में निरीह, निहत्था आदमी
जीए, तो जीए कैसे!
कुछ ऐसा ही दर्द-
इन कविताओं में भी अनायास ध्वनित होता है।

यशस्वी कवि, कथाकार रामदरश मिश्रजी ने हिमांशुजी की कविताओं के संबंध में लिखा है, "इन कविताओं को पढ़ने पर यह अहसास बराबर बना रहता है कि हिमांशुजी में काव्यात्मक संवेदना है। उनकी कविताओं में समकालीन कविता का-सा समकालीन जीवन-यथार्थ है। इनमें व्यवस्था की तमाम विसंगतियों, अमानवीय हरकतों और शोषक वृत्ति की पहचान है, साथ ही व्यवस्था से उपजी हुई आम आदमी की यातना, बेबसी और आग का अहसास है। 'सुनो, अग्निसम्भव', 'आग की फसल', 'सूखी नदी में', 'तुम्हारा ही इतिहास', 'गाँव : चार चित्र' आदि अनेक कविताएँ इसी मिजाज की हैं।

इन कविताओं में अनेक प्रभावशाली संवेदना बिंब उभरे हैं जैसे :-

जेठ की तपती दोपहर में / रेत के उस जलते भाड़ में /
अनाज के / अकेले दानों की तरह भुनता रहा चुपचाप/

(सुनो, अग्निसम्भव)

बुझे दीये की भी लौ होती है / बंद साँसों का स्पदंन /
जितनी दूर तक / क्षितिज आँखों से दिखलाई देता है।
उससे परे भी सृष्टि होती है।"

(सिर्फ समय)

यह आकस्मिक नहीं है कि कई छोटी-छोटी कविताएँ जैसे 'पत्ता', 'अधरों से', 'ऐसा भी होता है', 'मेरे शहर के पत्थर' अपनी समग्नता में अधिक प्रभावशाली हैं। इन कविताओं में एक बिंब अपने आप में पूर्ण है। एक संवेदना कम या अधिक सघन होकर मूर्त हो उठी है।''

यह कविताएँ सन् 1960 से सन् 2010 तक के कालखण्ड में लिखी गई हैं। इस संग्रह में सौ से अधिक कविताएँ सम्मिलित की गई हैं।

हिमांशुजी के लोकप्रिय उपन्यासों 'कगार की आग', 'तुम्हारे लिए', 'छाया मत छूना मन' और उनकी यादगार कहानियों की तरह ही यह कविता संग्रह 'सुनो, अग्निसम्भव' भी पाठकों के बीच अपना एक अलग स्थान बनाएगा।

❑

बीज

अब
बीज बोने से
बीज ही उगेंगे
पौधे नहीं
पौधे कहते हैं–
बीज को अंकुरित करने,
पनपाने, बीज बनाने के बाद
फेंक दिए जाने का दुख
हम क्यों झेलें?

जन्म दिन

कल
चलते समय
बाजार से खरीद लाया था–
कुछ क्षोभ,
कुछ दुख,
कुछ पीड़ा–
उपहार के रूप में
स्वयं को देने के लिए,
कल मेरा जन्म दिन है न!

अर्थहीन

बूढ़ा हो गया हूँ
व्यर्थ
कोट के
आस्तीन के बटनों की
तरह
अर्थहीन!

प्रकाशकीय

हिमांशु जी प्रतिभा के धनी थे। उनकी सादगी और उनका असाधारण व्यवहार लोगो को दूर से ही आकर्षित करता था। उनका पहाड़ीपन उनके अन्दर हमेशा से रहा, जो उनके साहित्य में साफ झलकता है। उनके साहित्य की विशेषता यह थी कि एक नयापन होने के साथ अपनी मार्मिक जिजीविषा को साथ लिए होता है।

जोशी जी खुद ये बात कहते हैं कि 'पर्वतीय जनजीवन में विषमताएं हैं वैविध्य है। संघर्ष भी कम नहीं है। किंतु इनके साथ-साथ मानव-मन की निश्छलता, उदारता, सहिष्णुता आदि मानवीय गुण भी कम नहीं हैं। भले ही प्रकृति ने उन्हें अधिक संपन्नता न दी हो, किंतु आंतरिक उदारता अवश्य प्रदान की है। वहां का भोला-भाला जीवन, वहां की निर्व्याज आत्मीयता, अपनापन कहीं आज भी प्रेरित करता है।' यही बात उन्हें और उनके साहित्य की ओर आमजन को आकर्षित करता है। जोशी जी नाटक, कविता, उपन्यास और कहानियों के बादशाह तो थे ही साथ ही एक अच्छे मीडियाकर्मी भी थे इनके सम्पादन का कार्य बहुत ही सराहनीय रहा।

आपके उपन्यास "कगार की आग" पर रेडियो धारावाहिक खूब पसंद किया गया साथ ही "तुम्हारे लिए" उपन्यास का धारावाहिक दूरदर्शन पर प्रसारित किया गया। "सु-राज" कहानी पर बनी फिल्म अंतरराष्ट्रीय फिल्म समारोह में भारत का प्रतिनिधित्व किया।

इनके साहित्य का संसार इतना बड़ा है कि इस पर एक अलग से पुस्तक लिखी जा सकती है।

इनका साहित्य प्रकाशित कर बहुत ही गौरवान्वित महसूस कर रहा हूँ। आशा करता हूँ कि पाठकों को इनका साहित्य प्रेरित करेगा।

–नरेंद्र कुमार वर्मा

nk@dpb.in

अनुक्रम

सुनो, अग्निसम्भव

सुनो,
अग्निसम्भव सुनो,
मेरी शिराओं में
प्रवाहित रक्त के अवशेष
अभी तक हैं शेष
अभी तक
हृदय में स्पंदन है;
आँखों में धुँधली-सी दृष्टि
कहीं खोई कल्पनाओं की
सृष्टि–
अभी भी
आकार लेकर उभरने लगती है।

अजन्मी आकांक्षाएँ,
बूँद-बूँद रिसता विश्वास,
घटाटोप बादलों से
छन-छन कर आती–
धूप की कटी किरण-सी आस्था
अभी भी जीवित है कहीं

क्योंकि
तुमने जो कहा,
ब्रह्म-वाक्य मानकर मैंने वही किया

तुमने कहा–
यह आग की नदी है,
इसमें स्नान करो,

मैंने चुपचाप वस्त्र उतारे
और
आग की लहरों में डुबकियाँ ले कर
झुलसता, तपता रहा

तुमने कहा–
यह हिमनदी है,
यह भी तुम्हारे स्नान के लिए है
मैंने
फिर वस्त्र उतारे
और बर्फीली नदी में
अपने को आकण्ठ डुबो डाला।

मोक्ष–मुक्ति
या
जीवन–मरण से परे रह कर
आजन्म हिमदंश की
असह्य वेदनाओं का
आचमन करता रहा।

तुमने कहा–
यह रेत है
रेगिस्तान है, इसे पार करो

नंगे पाँव
नंगे बदन,
जेठ की तपती दोपहर में
रेत के उस जलते भाड़ में
अनाज के
अकेले दाने की तरह
भुनता रहा चुपचाप

तुमने कहा–
यह सागर है–अतल-असीम!
इसका अंतिम छोर छुओ!

मैंने अपनी टूटी पालदार नौका ली
और
सागर की अन्तहीन गहराइयों में
उसे डूबने के लिए
छोड़ दिया

तुमने कहा–
तुम्हारे सिर पर
यह नीला आसमान है,
इसकी ऊँचाइयों को मापो
मेरे पास
तुम्हारी तरह
पंख नहीं थे–अग्निसम्भव!
पाँव भी नहीं
न तुम्हारी तरह
अपने को जलाए रखने के लिए
अंतहीन आन्तरिक ऊर्जा ही,

फिर भी मैं
अपनी बौनी ऊँचाइयाँ लेकर
आकाश का विस्तृत वक्षस्थल,
अपनी नन्ही हथेलियों से चीरता हुआ
समय से लड़ता हुआ
बढ़ता रहा–
अपने शरीर के कण-कण के
राख होने तक
बढ़ता चला गया

सुनो,
अग्निसम्भव सुनो,
मैंने यह सब सहा,
जो तुमसे सहा न गया,
मैंने वह सब किया,
जो तुमने कहा–
इसलिए
जिन्दा रहने के लिए
अंजुरियों में
भर–भर कर
अपना ही रक्त पिया!

❑

नील नदी का वृक्ष

जब भी
तुम
रेत देखती,
नदी
या
सागर का जल,
या
उड़ता अकेला जल-पाँखी–
तुम्हारी
भूरी आँखों में
एक चित्र
उभर आता।
वह चित्र
पिरामिड़ों का नहीं,
सहारा,
आस्वान,
स्वेज
या
नील नदी का नहीं,
मात्र एक
वृक्ष
का
होता था–
अन्तहीन
रेगिस्तान में खड़े–

जिस में न पत्तियाँ थीं
न टहनियाँ
न शाखाएँ
न तना
और न जड़ें ही
अपने रक्त से
सींच-सींचकर
तुम ने इसे उगाया
था
बड़ा किया था,
आसमान से भी ऊँचा
खड़ा किया था
कि
इसकी शीतल छाँह में,
कभी
जेठ की
झुलसती दोपहरी में,
साँस
ले सको–
कि
जी सको,
इस जीवित असत्य के
सहारे
कभी!

❑

तुम भी

अपने
नन्हे हाथों से
तुम यह सागर उलीच दोगे तो
इस में रहने वाली
मछलियाँ
केकड़े
घोंघे
सारे जल-जन्तु
कहाँ जाएँगे?

ये जो सफेद पालदार नौकाएँ
तिर रही हैं।
सागर के वक्षस्थल पर
फिर ये कैसे खेलेंगी?

छोटे-छोटे मछुआरे
जाल लिए
तट पर कब से खड़े हैं
तुम यह सागर उलीच दोगे तो
ये
अपने जाल
कहाँ फैलाएँगें?

मोती सागर में ही मिलते हैं।
नदियों या जलाशयों में नहीं

तुम सागर उलीच दोगे तो
ये गोताखोर फिर कहाँ
डूबेंगे?
अब साँझ हो रही है
जाओ
तुम भी
अपने हाथों को समेट लो
जो जैसा है
उसे वैसा ही रहने दो!

❑

क्योंकि

आदमी
और
पशु
के बीच
एक झीनी-सी
दीवार होती है
पशु
कपड़े नहीं पहनता
आदमी
कपड़े पहनता है
पशु
पुस्तकें नहीं पढ़ता
आदमी
पुस्तके पढ़ लेता है
पशु
भाषण नहीं देता–
शोषण नहीं करता
वक्त आने पर
आदमी
वह भी कर लेता है
क्योंकि
वह आदमी है!

❑

गाँव : चार चित्र

(1)

मिट्टी का घर
मिट्टी का आँगन
मि्टटी से सने बच्चे
खेल रहे हैं
नंग-धड़ंग एक नन्हा बालक
मेंड़ पर बैठा
सूरज की तीखी किरणों से
बचने के लिए
उल्टी हथेली माथे पर रखे
आँखें मिचमिचा रहा है
मैं
देखता हूँ–
मैली-सी उस फैली हथेली पर
भाग्य और उम्र की
रेखाएँ
खिंचने से रह गई हैं।

❑

(2)

सारी रात जाग कर
कोई जुलाहा
खड्डी पर बैठा
रंग-बिरंगी
चादर बुन रहा है

आँखें धंसीं
पेट पिचका
नग्न देह पर
उड़ते कपास के कण बिखर रहे हैं
पसीना बह रहा है
मैं चादर नाप कर देखता हूँ–
यह
किसी और के माप की
बनी है।

❑

(3)

सामने के खलिहान में–
एक बूढ़ा बाप
दुर्बल माँ
सींक-सी पतली बिटिया–
सुबह से भूखे
गोबर में से
अनाज के दाने बीन रहे हैं
मैं अन्न का एक दाना उठाकर
देखता हूँ–
उस में उनके नाम की मोहर
लगने से
रह गई है।

❑

(4)

बूढ़ा नाविक
जर्जर हाथ
बीच नदी में पतवार चलाता
काँप रहा है
नाव पर बैठे
ढेर सारे यात्रियों को
अपनी धुँधली निगाहों से
तौलता हुआ–
कुछ माँप रहा है
मैं देखता हूँ–
रेतीले किनारे पर पहुँच कर
यात्री उतर गए हैं / और वह
अपनी की तिरती नाव पर / रेत में
बैठा–बैठा
डूब रहा है।

❑

मैं

समय ने
मेरी नहीं,
मैंने ही
समय की सृष्टि की थी

समय ने
मुझे नहीं
मैंने ही
समय को दृष्टि दी थी

समय के साथ
मैं नहीं,
मेरे साथ
कदम से कदम मिलाकर
समय चला,
सूरज
मेरे कन्धों पर उगा,
मेरी बाँहों पर
चाँद ढला,
जिधर मैं चला
उधर पथ बढ़ा,
वहीं सवेरा हुआ
जिधर मैंने देखा।
नदी का प्रवाह
लहरों में नहीं,

मैंने तय किया।
फूल कब खिलेंगे?
कब झरेंगे?
यह निर्णय भी
ऋतुओं का नहीं,
मेरा था

दिशाओं के दस नाम
मैंने दिए

जड़ में
चेतन का,
शब्द में
अर्थ का
अर्थ में
प्राण का संचार मैंने किया

मृत्यु को जीवन
जीवन को सत्य
सत्य को
शिव
मानकर
मैं
जिया!

❑

ब्रह्मपुत्र : कुछ साए

हरी
लहरों में
थिरकती नाव
काँच के
हरे किनारे से दूर
बहुत दूर
बहुत-बहुत दूर
निकल आयी है

अरुण-आभा के
उस पार से झाँकते
सफेद सूरज का पारदर्शी प्रतिबिम्ब
पानी की
रेशमी सिलवटों में
मछली-सा तिरता
घिरता
झिलमिलाता
हीरे की
हजार कनियों की तरह
हजार रूपों
रंगों में
चमक रहा है
ज्यों-ज्यों
नाव आगे बढ़ती है
जल में उलझा

मुट्ठी भर किरणों का जाल भी
नौका के साथ-साथ
डूबता
उतरता
सरकता
चला जा रहा है–
उस छोर तक
जहाँ धरती-आकाश की
धुँधली-सी
सीमा-रेखा है
ऐसी असीमित सीमा-रेखा
जो
उन्हें तोड़ती-जोड़ती
एक कर जाती है
एक हो जाती है
तुम और तुम्हारे सपनों की तरह
तुम और तुम्हारे यथार्थ की तरह
तब
वह
तुम और तुम्हारा नहीं
मैं और मेरा नहीं
हम और हमारा
यथार्थ
बन जाती है।

❑

दूरी

स्वर्ग
की दूरी
मेरे हाथों की
दूरी से अधिक नहीं
इसलिए
लगता है
जब भी
हाथ
ऊँचे करूंगा
तुम्हें
छू लूँगा।

❑

नरमेध

मैं तो अकेला खड़ा हूँ
हाथ बाँधे
सिर झुकाए–
नंगा
जिबह होने के लिए

पर
यह तो बतलाओ
इन दुधारी तलवारों से
मेरी देह
कब तक छीलोगे?

इन पैने नाखूनों,
आरी-जैसे
धारदार दाँतों से
मेरा
मांस
कब तक नोचोगे?

उन्माद में अंधे होकर
इतना न नोचो
इतना न छीलो
कि
मैं मैं न रहकर
मात्र रक्त सनी हड्डियों का

ढाँचा रह जाऊँ!
सोचो,
मैं ही न रहूँगा मैं
तो फिर बदला किससे लोगे?
अपना आक्रोश
किस पर प्रकट करोगे?
अपनी रक्त-पिपासा
किस पर बुझाओगे?

इतना तो जीने दो मुझे
कि
मैं साँस ले सकूँ
हिल-डुल सकूँ
और
तुम नरमेध की
अपनी आदम प्रवृत्ति
अनन्त काल तक
जीवित
रख सको!

❑

कोई

उठो,
कब तक सोओगे
कोई द्वार पर खड़ा
टेर रहा है

उठो,
कब तक सोओगे
कोई आँगन में खड़ा
घर घेर रहा है

उठो,
कब तक सोओगे
कोई सरहद पर खड़ा
बारूद बिखेर रहा है

उठो,
कब तक सोओगे
कोई तुम्हारे गले पर
तुम्हारी ही छुरी फेर रहा है!

❑

ओस्लो

रात की रंगहीन चादर
आधी सिमट चुकी है
पर अभी भी
बर्फ के सफेद वृक्षों की
उजली शाखाओं पर
पारे की परत
चढ़ी है

अभी भी
धरती की हरीतिमा में
धुँध की तरह
बिखरा उजास है

अभी भी
सागर की सतह पर
पालदार नौकाएँ
किनारे से दूर
बहुत दूर
तिरती चली जा रही हैं–
हवा के साथ-साथ
हवा की तरह

अभी भी
शहर सोया नहीं
हौले-हौले

करवट लेता हुआ
अस्तित्व का अहसास
जगा रहा है

अभी भी
जल-पाखी
हवा को सहलाते हुए
एक मधुर-सी
करुण ध्वनि के साथ
तट पर मँडरा रहे हैं।

अभी भी
तीर की तरह सनसनाती
रंग-बिरंगी कारें
धुली-पुछी शान्त सड़कों पर
दहशत-सी पैदा कर रही हैं

इक्के-दुक्के जोड़े
अभी भी
एक-दूसरे से सटे
एक-दूसरे के बीच की दूरी
कम करते हुए
घर की दूरी
कम कर रहे हैं

अभी भी
कुछ खुली खिड़कियों से
पीला कुहासा
ठंडी धूप की तरह

फैल रहा है
यह धरती के साथ जुड़ी
एक अलग धरती है
जहाँ रात की तरह
रात नहीं होती
दिन की तरह दिन नहीं ढलता
तारे नहीं झिलमिलाते

साँझ घिरते ही
दीये नहीं जलते
लोग किवाड़ मूँदकर
सोने नहीं चले जाते
जागते से सोते
रहते हैं

समय
जब समय नहीं रह जाता
समय का पर्याय बन जाता है
तब
एक नये स्वप्न की सृष्टि
होती है
समय की एक नयी परिभाषा
समय का
साथ देती हुई
समय की
सीमाएँ लाँघ जाती है।

❑

मेरे शहर के पत्थर

मेरे
शहर के पत्थर
आदमी की तरह
अभागे हैं
आदमी की तरह
जागते
आदमी की तरह
सोते
आदमी की तरह
आदमी का घर तोड़ते
सिर फोड़ते–
आदमी की तरह
आदमी के
लहू के
प्यासे हैं।

❑

अहसास

किसी भी
जल से
जलाशय से
मुझे अब
क्यों हो कोई शिकायत
तुमने तो
स्वाती
की
दो
बूँदों के बदले
स्वाती का
सागर ही दे दिया है

दे दिया है
उड़ने के लिए
अनन्त आकाश
पावन प्रकाश
एक ऐसा अहसास
जिस के
आगे
स्वर्ग की
ऊँचाइयाँ भी
अब
बौनी
लगती हैं।

❑

जंगल

अपने आँगन में,
मैंने
जो वृक्ष उगाए थे,
तुमने
नोच-नोच कर
उखाड़ डाले-

तुम्हें भय था-
वृक्ष उगेंगे तो
जंगल भी उग आएँगे
और
एक दिन
हिंस्र-पशुओं के पर्याय
बन जाएँगे

पर,
जो वृक्ष
तुम्हारे अन्दर उग रहे हैं
जो
हिंस्र-पशु
उन में पल रहे है।
उनका क्या होगा?
जंगल तो जंगल होता है
जंगल में ही नहीं
मन और मस्तिष्क

में भी
पनपता है
पर,
बाहर के जंगल
से भयावह होता है–
भीतर का जंगल
बाहर के
पशु से
डरावना होता है–
भीतर का पशु
जो सारी चेतना को
पशुवत बनाकर
आदमी की शक्ल को
अपनी ही
शक्ल में
ढाल देता है।

❑

उस सीमांत तक

जन्म-जन्मान्तरों की
तपस्या के पश्चात
हमने
जो सूरज उगाया था
लगता है
कटी पतंग की तरह
किसी सूखे वृक्ष की
टूटी टहनी में
अटक गया है
अब न सुबह होती है
न दिन
न अँधेरा
न रात का ही घेरा
लगता है
समय रुक गया है

स्वप्न ठहर गया है
अनिर्णय की
अनिश्चय की
यह त्रासदी
अविवेक के अधरों पर अटका
यह भवितव्य
किसी दु:स्वप्न की तरह
दैत्याकार खड़ा है

जब न भूत होता है
न भविष्य
न वर्तमान
तब जो चौथा काल
शुरू होता है
वह किस का
प्रतीक होता है
यह तो समय ही बतलाएगा
पर
यह रुका हुआ समय
ठहरा हुआ काल
जो स्वयं में एक
प्रश्न बन गया है
भला किसी प्रश्न का
क्या उत्तर दे पाएगा?

अँधेरे से
अँधेरे का समाधान नहीं होता
पर यदि
समाधान ही चाहते हो तो
अँधेरे से दूर
उजाले से दूर
उस सीमान्त तक जाना होगा।
जो कल्पान्त का
किसी अज्ञात
अनाम
प्रलय का
प्रतीक हो!

❑

कागज पर

कोरे कागज पर
रंग-बिरंगी रेखाओं से
मैंने अनेक
सूरज उगाए,
सुरमई बादलों की सृष्टि की,
अल्हड़ नदियों का
पारदर्शी जल
दूर-दूर तक बिखेरा।
हथेली-सी
नाजुक घाटियों में
हरी-भरी मुलायम दूब उगाई।
नंगी पहाड़ियों पर
नन्हे-नन्हे पौधे रोपे।
कागज के
एक छोटे टुकड़े पर
मैंने
यह सब रच डाला
जो रच सकता था-
एक फूल
तुम
और नीला आकाश
नीला आकाश
आकाश में नहीं,
सचमुच मेरे पास था,

मेरी आँखों के सामने।
तुम्हारी नंगी पीठ की तरह
उसे
मैं सहला सकता था
फूल की महक
यानी तुम्हारी देह–गंध
मैं छू ही नहीं
अपनी मुंदी आँखों से देख भी सकता था

गंध का भी
रूप होता है,
और रंग भी–
मैंने पहली बार जाना था।
कागज पर खिंची रेखाएँ भी
बोलती हैं
उन में भी स्पन्दन होता है
मैंने
पहली बार पहचाना था।

शब्द जब बोलने लगें
अपने होंठ खोलने लगें
और
कागज पर
अंकित आकृतियाँ
खुले मैदान में
चहकते चूजों की तरह
दौड़ने लगें

तब कागज कागज नहीं,
बल्कि समूची जिन्दगी का ही
एक पृष्ठ बन जाता है।

पर
पृष्ठ बनने से पहले ही
नटखट बच्चे की तरह
तुमने उसे
नोच-नोच कर
पानी में बिखेर दिया है
उन गले हुए
कागज के तैरते टुकड़ों में
जब कुछ नहीं रह जाता,
तब भी मुझे
एक आकृति दीखती है
एक गंध
एक स्मृति
एक दंश!

❑

पास ही उगाने के लिए

हाथों में
नुकीले पत्थर लिए
बदहवास-से लोग
इधर-उधर भाग रहे हैं
कह रहे हैं–
हमें एक ऐसे व्यक्ति की तलाश है
जिसकी
बलि चढ़ा सकें
जिसे ईसा बना सकें

समाज
हमारा है
संस्कृति–
हमारी
नीति
धर्म
अध्यात्म–
सब हमारे हैं
फिर
किस अपराध की
किस को
क्या सजा दें

यह हक भी हमारा है
सत्ता को

चुनौती देना
सत्य को चुनौती देना है
मान्यताओं को नकारना–
मूल्यों की अवमानना का ही
दूसरा नाम है–
द्रोह
द्रोह की सजा
मौत की सजा होती है

मौत की
सजा देने के लिए
हमें
आज
एक ऐसे व्यक्ति की तलाश है
जिस के पास
ओढ़ने के लिए
कोरा कफन हो,
बिछाने के लिए
आग की चादर
चलने के लिए
अंगारों-जैसी धधकती कँटीली कीलें
चौड़ा कन्धा हो
सलीब को उठाने के लिए
दोनों
दिशाओं में
दूर तक फैलाने के लिए
दो बँधे हुए हाथ–
उसी को हम

दो हाथ जमीन देंगे–
चौड़ी-चौड़ी शिलाएँ
उसकी
मृतक देह के ऊपर
सजाने के लिए
और देंगे
पास ही उगाने के लिए
दो फूल!

❑

ऐसा भी होता है

कभी-कभी
ऐसा भी होता है
नन्ही-सी
उड़ती चिड़िया
तार पर बैठ
हँस जाती है

पाँवों पर
उलझी रस्सी
अँधियारे में डँस जाती है

ऐसा भी होता है!

❑

सिर्फ समय

आग का दरिया
लहू का दरिया
पानी का दरिया
अब मुझे सब समान लगते हैं

पानी के बदले रेत
रेत के बदले लहू
लहू के बदले आग

तुमने
टुकड़े-टुकड़े में विभाजित कर
मेरी आस्थाओं को
अविश्वास के
कफन में ढँक कर
उस अतल अँधेरी खाई में
दफना दिया है
जहाँ मैं चीख भी न सकूँ।

पाँव तो मेरे पास भी थे,
चलने के लिए राहें
और देखने के लिए दृष्टि भी
पर
क्या पता था
प्रतिदान में
ऐसा जहर भी मिलेगा

कि
मेरे विश्वासों का वट वृक्ष
विष-वृक्ष
का रूप लेकर
मेरी देह पर ही
फलने-फूलने लगेगा

जब आदमी की
कराह नहीं सुनाई देती
तब भी कहीं वह
कराहता है
जब दृष्टि साथ छोड़ देती है,
तब भी कहीं वह
देखता है

अपनी ही खंडित देह को
अपनी ही आँखों से
देखता हूँ तो
फिर कोई सवाल-सवाल नहीं रह जाता
मेरी मुट्ठी में भिचा
सारा मरु उद्यान
एक मरीचिका बन जाता है

बुझे दीये की भी लौ होती है
बन्द साँसों का भी स्पन्दन
जितनी दूर तक
क्षितिज आँखों से
दिखलाई देता है

उससे परे भी सृष्टि होती है
किन्तु
तुम्हें पता नहीं
अपने हाथों
अपना ही संसार
तुमने स्वयं इतना समेट लिया है कि
शायद
उसमें तुम स्वयं भी
न समा सको
अपने को ही
खोजने के लिए
तुम्हें किसी दिये की
जरूरत पड़े
अपनी ही प्रतिछाया से
तुम्हें इतना भय
लगने लगे कि
तुम स्वयं को ही नकारने लगो

घड़ी की दो सुइयों के बीच
बँधा समय
जब ठहर जाता है
तब
आकाश में उगने वाला सूरज
स्वयं ही
अपनी परिक्रमा करता हुआ
जमीन पर घिसटता
दम तोड़ने लगता है

हवा
साँस लेने के लिए छटपटाती है
अतृप्त नदी
अपना ही जल पीने के लिए
अपने दो सूखे होंठों के
किनारों को
किनारे की
तपती रेत में
धँसा देती है

किसी की प्रतिमा को
तोड़ने के प्रयास में
तुमने
अपनी ही प्रतिमा को
खंडित कर
अपने ही आगे
एक प्रश्नचिह्न खड़ा कर दिया है
जिसका उत्तर
मैं नहीं
तुम नहीं
सिर्फ समय लेगा

जिसका उत्तर
मैं नहीं
तुम नहीं
सिर्फ समय देगा!

❑

दोनों से दूर

साँप और धन
सहोदर हैं–
बचपन में सुना था कभी
जहाँ साँप होता है,
वहाँ धन!
जहाँ धन होता है
वहाँ साँप!

पर मुझे न साँप का साथ
रास आता है,
न धन का
इसलिए साँप और धन
दोनों से
रहता हूँ दूर–
अपने में भरपूर!

❑

अपने ही दंश का दर्द

शीशे के
सामने रखे शीशे में
जैसे
अनेक आकृतियाँ दीखती हैं,
वैसे ही
तुम्हारे चेहरे के भीतर
मैंने
अनगिनत चेहरे देखे हैं

एक ही चेहरा
एक ही समय में
एक साथ
रोता ही नहीं
खिलखिलाकर
हँसता भी है

एक ही भाव
एक ही समय में
एक साथ
झलकता ही नहीं
धूप-छाँह की तरह
ओझल भी हो जाता है
एक ही रंग
एक ही समय में
एक साथ निखरता ही नहीं

बिखरता
भी चला जाता है

एक ही रंगमंच पर
एक ही समय में
एक साथ
अनेक भूमिकाएँ
निभाते हुए
जब तुम्हें देखता हूँ
तो सोचता हूँ
तुम्हारा चेहरा ही
नहीं
तुम्हारे हाथ
तुम्हारे पाँव
तुम्हारी आँखें
तुम्हारा
सारा शरीर ही
एक चेहरा बन गया है

चेहरा ही
आदमी का
असली चेहरा बन जाए
तो
उसे क्या कहोगे?
अपने ही
दंश का दर्द
कैसे
सहोगे?

❑

जीने के लिए

जीने के लिए
एक
आकाश चाहिए
एक आकार
जो
कभी सच भी
हो सके

जीने के लिए
एक प्रकाश
चाहिए
एक धुँधला-सा धुआँ
जो
कभी चमक भी सके

अँधेरा अधिक हो तो
फिर
अँधेरे से
भय नहीं लगता

पर
जीने के लिए
कुछ भय भी
चाहिए,
कुछ
संशय भी।

❑

तुमने कहा था

अपनी हथेली पर
तुम्हारे लिए
मैं
एक ऐसा घर बनाऊँगी
जो
स्वर्ग से बड़ा होगा

अपनी हथेली पर
मैं
तुम्हारे लिए
एक
वृक्ष लगाऊँगी
जो
कल्पवृक्ष बनकर
खड़ा होगा

तुम्हारे लिए
मैं
एक ऐसे संसार की सृष्टि
करूँगी
जो सृष्टि से भी
परे होगा
तुम्हें मैं
एक ऐसी दृष्टि दूँगी
जिसे
किसी भी दृष्टि से बाँधना

सम्भव न होगा
जिसकी असीम ऊँचाई को,
जिसकी अतल गहराई को
मापना सम्भव न होगा

नदी के
नीले जल की तरह–
निर्मल
पारसमणि की तरह
उज्ज्वल
मैं
तुम्हें एक ऐसा सत्य दूँगी,
एक ऐसा शब्द दूँगी,
जो शब्द होकर भी
ब्रह्म होगा,
ब्रह्म होकर भी
परब्रह्म–
मैं तुम्हें
ऐसा यथार्थ दूँगी
तुमने कहा था!

❑

आग की फसल

हर शहर
हर गाँव
हर गली
हर घर
से
आह की
कराह की
दबी सिसकियों की
आवाजें आती हैं
कभी सुनी तुमने!

आखिर
इतना भी क्या दुःख है
कि
आदमी उसे सह न सके
दिल खोलकर कह न सके

अपनी झोली से
मुट्ठियाँ भर-भर कर चिंगारियाँ
तुम
खेतों में
बिखेरते चले गए

अन्न के बदले
आग की फसल

उगाते रहे
हर घर के आँगन में
हरे-भरे गमले में
खिलते-मुस्कराते
फूलों की जगह
धधकते अँगारे रख दिए हैं
शोभा के लिए!

जिन
साफ-सुथरे रास्तों पर
गाँव के नंगे
अधनंगे
नन्हे-नन्हे बच्चे
नंगे पाँव
चल लिया करते थे-
जिन पोखरों पर
कपड़े उतार कर
सहज भाव से नहा लिया
करते थे

दूब से ढके
जिन मैदानों में
खरगोश की तरह
कुलाचें भर कर खेल लिया करते थे
वहाँ-वहाँ तुमने
सेंवार और काँटे बिखेर दिए हैं
कि वे चल भी
न सकें

जो पोथियाँ
तुमने पढ़ने के लिए दीं
कि
दो अक्षर वे भी पढ़-समझ लिया करें–
तुम्हारी तरह
पर
उन में ऐसा कुछ भी नहीं लिखा
कि
जिस से वे जी सकें

तुमने
अपने ही देश में
उन्हें अजनबी बना कर
अपने ही घरों से
निर्वासित कर दिया–
अपनी ही
देहरी पर...
बन्दी बनकर
जनम-कैद की सजाएँ
सुना डालीं–
यही एक अपराध उनका था कि
उनका कोई भी अपराध नहीं था

इसी अपराध के लिए
तुम उन्हें
तरह-तरह की यातनाएँ
यंत्रणाएँ
देते रहे

क्योंकि तुम अन्नदाता थे
त्राता थे,
तुम्हारे निर्मम हाथों में सत्ता के
चाबुक थे
तुम्हारी जिह्वा पर
व्यवस्था का दंश
और आँखों में
पद का मद था
तुम स्याह को सफेद
सफेद को स्याह कर सकते थे
दिन को रात
रात को दिन में
बदल सकते थे
क्योंकि तुम
कुछ न होते हुए भी
सब कुछ थे।

❑

अधरों से

पँखुड़ियाँ
छूते ही
तुम्हारी याद की सिहरन
सहसा
देर तक देह को सहलाती रही
मैं कुहासे के उस पार
दरिया के शोर के पीछे
उस छूटे हुए शब्द को
अपनी उनींदी आँखों से
खोजता रहा
जो
तुषार से नहाई
किसी उजली-सी रात में
तुम्हारे तप्त
अधरों से
कहीं गिर पड़ा था
सीपी की खोज में
मोती-सा!

❑

क्या तुम

क्या, तुम,
दूसरों के पाप का भार
ढो सकते हो?
आँखों में
आँसू लाये बिना
रो सकते हो?

क्या तुम
खुली आँखों
सो सकते हो?

क्या तुम
हथेली पर बीज
बो सकते हो?

तुम अपने लिए
कफन सी नहीं सकते
तो
जी भी नहीं–
मर भी नहीं–
कुछ कर भी
नहीं सकते!

❑

कभी-कभी

इतनी
बरसात के बाद
भी
आकाश नहीं भीगा
यह
सच नहीं है

यह
सच नहीं है
कि
हमेशा
बादल ही गरजते हैं
बादल ही बरसते हैं
कभी-कभी
आकाश भी गरजता है
आकाश भी बरसता है
बूँद-बूँद रिस कर
ही
कभी-कभी
ऊफान ही नहीं
तूफान ही नहीं
महा प्रलय
भी
ला
देता है।

❑

बेघर

धरती पर
स्वर्ग की कल्पना
साकार करने के लिए
मैंने भी
फूलों का घर
बनाया था
पर
यह नहीं सोचा कि
कल
फूल मुरझाएँगे तो
घर भी
मुरझा जाएगा

बचपन में
नदी के किनारे
गीली रेत पर घरौंदे बनाये थे
एक छोटा-सा द्वार,
धूप और हवा के लिए–
दो नन्ही खिड़कियों को
धूप की नन्ही-नन्ही बाँहें
अभी
छू भी न पातीं कि
अपना ही कोई साथी
आततायी बन कर
आता
और
घर तोड़ कर चला जाता।

तब आँखों में आँसू होते थे
आँसुओं के साथ-साथ
अंगारे भी।

पर
बिना घर का आदमी
सारी जिन्दगी–
आँधी, तूफान, वर्षा, घाम में
कैसे जिएगा?
अपने दर्द के पैबन्द
कैसे सिएगा?
यही सोचकर
समाज ने एक दिन
फिर से
घर बना कर दिया–
किन्तु शीशे का,
और
घर के सामने जान-बूझकर
कुछ पत्थर भी रख दिए

वे ही पत्थर
एक दिन
फिर किसी आततायी के हाथ में थे
कई लोग
उसके साथ थे
पर
इस बार
मिट्टी में मिला
काँच का घर
मेरी आँखों में,

आँसू न ला सका,
न आक्रोश–
न
अंगारे ही।
शायद इसीलिए कि
अब मैं बड़ा हो गया था।
और मुझ से भी
बड़ा हो गया था–
मेरा समाधान
कि
आँसू और आक्रोश
मन के हैं–
दोष
आक्रोश पी लेना
आँसू पी लेना
लहू पी लेना
सब समान हैं
इसलिए
फूलों के घर
रेत के घर
शीशे के घर–
एक दिन
सब जाते हैं मर।
जब तक
आततायी हैं–
दुनिया ही है
बेघर!

❑

तब

क्रागेरा के
छोटे-छोटे सैंवारी
द्वीप
यंत्र-चालित
रंग-बिरंगी नौकाएँ
किनारे की लहरों में
हिचकोले खाती

हर घर के
दूधिया द्वार पर
रक्ताभ
पीत
पुष्प

निर्जन
अँधेरे वनों से दूर
खुली खिड़की की
तरह
खुला आकाश
स्वच्छन्द
सुनहरा प्रकाश

उस पार-
एक और झील
नीली झील

स्वर्ग की किसी
चट्टान
पर
खड़े होकर
नीचे
एक और स्वर्ग
झाँकने की अनुभूति

तुम्हारी
उदास आकृति
खोई-खोई दृष्टि
हवा के ठण्डे
झोंके से
काँपती देह

अपनी मोम-सी सफेद
हथेली पर
चमकदार कंकणों को
बीनते हुए
तुमने
जिस भाषा में
जो कुछ कहा
उसे
न समझ पाने के बावजूद
मैं
समझ रहा था–
क्योंकि
तब
तुम्हारे होंठ नहीं

तुम्हारी
आत्मा बोल रही थी
तुम्हारी खुली हथेली पर
मात्र कंकण नहीं/पत्थर नहीं
नक्षत्र
नीहारिकाएँ
और
कई आकाश थे
और
साकार होकर भी
तुम
कहीं निराकार थी–
उस झील
उस पहाड़
उस पेड़ की तरह
निसर्ग
का एक भाग
नहीं–नहीं
स्वयं
निसर्ग बन गई थी

ढलते सूरज की
निष्ताप
किरणों से बिंधी
अपने में डूबी
आज भी जब कभी
वहीं खड़ी दीखती हो
उसी तरह क्रागेरा के उसी तट पर
उस काली

चट्टान पर
जिस पर
काल ने
किसी के सौभाग्य का
कोई
शिलालेख
अंकित कर
फिर मिटा दिया
स्लेट के अक्षरों की तरह
तब न जाने क्यों
तुम्हारे अनकहे शब्दों के अर्थ
और
अर्थ के
अनेक आयाम उभर
उठते हैं!

❑

पत्ता

पत्ते को
उलट-पलट
कर
देखा—
उस में
दूर तक फैली जड़ें थीं
तना था
शाखाएँ थीं
टहनियों पर
ढेर सारे
पत्ते थे
फिर भी
वह केवल
अकेला
पत्ता
था!

❑

इस युद्ध में

महाभारत के
इस युद्ध में
भले ही
तुम जीतो
पर
हार
तुम्हारी ही होगी
क्योंकि
युद्ध
हमने कराया है
इसलिए
इसका निर्णय भी
हमें करना होगा

नियति ने
तुम्हें
क्या दिया
कितना दिया
इससे हमें
कोई सरोकार नहीं
सच तो यह है कि
जीवनभर
दुर्भाग्य
का
सामना

तुम्हें ही करना होगा
क्योंकि
नियंता हम हैं
हमारा ही फैसला
आखिरी फैसला होगा।

❑

कब सोचा था

मेरी
हथेली पर रखा
तुम्हारा दिया
यह
लाल फूल
अंगारा भी बन जाएगा
कब सोचा था
कब सोचा था
आस्था की यह पतली-सी डोर
जो
विश्वास के किसी
विश्वस्त क्षण में
मैंने बाँधी थी
मुझ से ही विश्वासघात कर बैठेगी।
साँप बन कर
मुझे ही डंसने लगेगी
कब सोचा था
कंदील की
यह काँपती लौ
जो
मन के उजियाले के लिए
मैंने
मन के किसी (अंधियारे)
कोने में जलाई थी,
मन को ही नहीं,
तन को भी
राख कर डालेगी–
कब सोचा था! ❑

नियति

बित्ते भर का
यह रूमाल
चादर नहीं बन सकता
चादर
तभी बन सकता है
जब तुंम
इतने छोटे हो जाओ
कि इस में समा सको।

❑

समय बतलायेगा

समय
थमा तो नहीं
हाँ
समय की गति
बदल गयी है
समय की गति बदलती है
तो
जिन्दगी एक नयी परिभाषा में
ढलने लगती है
जीने का अर्थ
तब
वह नहीं रहता
जो रहना चाहिए
यानी
जो नहीं रहना चाहिए था
वही रह जाता है
जो
नहीं होना चाहिए था
वही
हो जाता है
तसवीर का एक और पहलू
अधिक उजागर होने लगता है
अँधियारा
और अँधियारा
इतना अँधियारा कि

अल्पमत वाला अवसरवादी प्रकाश भी
अँधियारे का साथ
देने लगता है
और
अन्त में
एह क्षण वह भी आता है
जब अँधेरा
मन में ही नहीं
तन में भी
कालिख की तरह पुत जाता है
कालिख की लम्बी लकीर
की तरह
जहाँ-जहाँ
आदमी जाता है
वहाँ-वहाँ
कदमों के काले निशान
छोड़ जाता है
इतिहास की
सफेद चादर पर
ये काले निशान
किस इतिहास के साक्षी होंगे
समय
बतलाएगा!

❑

जब कभी

जब कभी तुम्हें
पूजा का स्वाँग करते
दूसरों के दर्द में
आहें भरते
बात–बात पर
भगवान से डरते देखता हूँ
तो लगता है
दानव कहीं और नहीं
साये की तरह
तुम्हारे ही साथ बैठा है
तुम्हारी यह अर्चना / आराधना / शव–साधना
सब
तुम्हारे लिए है
दूसरों के शवों पर पाँव रखकर
तुम
जिस ऊँचाई को
छूने का प्रयास कर रहे हो
वह
स्वर्ग की ऊँचाई नहीं
नर्क की ही गहराई
गहरी
खाई है!

❑

सूखी नदी में

रक्त सना
पर–हीन पक्षी
फड़फड़ाता हुआ कुछ सोच रहा है

सूखी नदी में
तड़पती मछलियों को
नुकीली चोंच से
कोई नोच रहा है

कसाईघर की तरफ
निरीह पशुओं को
हाँकता हुआ
कोई जिबह कर रहा है

जब–जब मरता हुआ
मनुष्य देखता हूँ
लगता है–
कोई मनुष्य ही
मनुष्य के माँस से
उदर भर रहा है।

❑

इतिहास

ज्यों ही रात घिरती है
अपने सीने पर
तुम्हारे दौड़ते हुए घोड़ों की
असंख्य टापें
मुझे साफ सुनाई देती हैं
उड़ती हुई धूल
जलती हुई मशालें
हवा में लहराती
रक्त से सनी तलवारें
कटे हुए सिर
खुली हुई हथेलियाँ,
पत्थर से दबी तितलियों की तरह
फड़फड़ाती निरही आँखें
काँपते हुए होंठ,
दम तोड़ती असंख्य देहें
बहरे ब्रह्माण्ड में गूँजती
एक भयंकर चीत्कार–
मेरी अन्तश्चेतना की
सारी दीवारें चीर कर
मुझे अन्धा बना देती हैं
सदियों से यही सिलसिला है
कापालिक की तरह
हर रात तुम आखेट के लिए जाते हो,
हर रात रक्तपान कर,

विजयी योद्धा की तरह, धरती रौंद कर
चले जाते हो
अतीत तुम्हारा था,
वर्तमान तुम्हारा है,
भविष्य भी तुम्हारा ही होगा
क्योंकि इतिहास के सारे पृष्ठ
अंधे समय ने
तुम्हारे नाम अंकित कर दिए हैं
इसलिए जो तुम कहोगे,
वही सच होगा
जो तुम करोगे,
वही यथार्थ
क्योंकि
इतिहास अब तुम्हारा है
तुम्हारा ही इतिहास!

❑

आकाश

(1)

आकाश मुझे दे दो
धरती तुम ले लो
मैं तो हूँ ही
पर्याय शून्य का,
पर अंक तुम बनो।

(2)

आकाश,
यों कब तक
अधर में लटके रहोगे
निराधार
चलो,
घर चलें
वहीं दीवारों/दरवाजों वाला
घर बनाएँ
टिमटिमाते सितारों वाली
छत
उसी में
अपना एक अलग
ब्रह्माण्ड रचें–
ऐसी एक दुनिया
जिसका
अपना एक आधार हो
अपना एक
अलग आकाश!

❑

साया

मन बोझिल है
एक बोझ-सा
चल रहा है साथ-साथ,
अरे,
यह तो अपना ही साया है
तभी तो इतना
भारी है।

❑

सारी सदी

सारी सदी का दुःख
मैं झेल रहा हूँ–
आग बनकर
आग से खेल रहा हूँ
क्या जलाओगे तुम मुझे,
मैं तो कब का
जल चुका हूँ।

❑

कालिख

हमें इतिहास नहीं चाहिए
कागज के उन काले पन्नों में
क्या रखा है?
जब जीवन में ही
इतनी कालिख है
तो फिर–
उजास के सपने बुनना
कितनी नादानी है!

❑

कभी

सारी रात
चलने के बाद भी
मैं
वहीं पर खड़ा हूँ
जहाँ से चला था
शायद
उस सूरज की प्रतीक्षा में हूँ,
जो वहीं से उगेगा,
जहाँ से ढला था–
कभी।

❑

जन्म दिन

कल
चलते समय
बाजार से खरीद लाया था–
कुछ क्षोभ,
कुछ दुख,
कुछ पीड़ा–
उपहार के रूप में
स्वयं को देने के लिए,
कल मेरा जन्म दिन है न!

❑

बीज

अब
बीज बोने से
बीज ही उगेंगे
पौधे नहीं
पौधे कहते हैं–
बीज को अंकुरित करने,
पनपाने, बीज बनाने के बाद
फेंक दिए जाने का दुख
हम क्यों झेलें?

❑

तुम

रोटियों के साथ-साथ
तुम
अंगुलियाँ भी
चबा कर खा रहे हो!
बिना अंगुलियों के हाथ
अच्छे नहीं लगेंगे
इसलिए
स्वयं को निगलने की
कोई और
प्रक्रिया ढूँढ़ो
अब!

❑

सेल्युलर की शाम

अंकुर-से
उग आए हैं देह पर,
हथेली पर रखा सूरज
बारिश की बौछारों से
काले कोयले की तरह
बुझ आया है

अंधेरा अपनी फटी चादर
आज अभी से
पसारने लगा है
इस भयावह उमस में
वह भी थक गया है शायद।

❑

प्रति सत्य

सूरज
निगलकर
क्या करोगे?
जहर
उगल कर
जी सकोगे?
इसलिए कहता हूँ–
सूरज को
आकाश में उगने दो
अन्तर को
गरल से
मथने दो,
ताकि तुम जी सको।

❑

अन्तहीन अंधेरा

उदास है शाम
उजास नहीं कहीं
रेल के पहियों पर थिरक रही
यह जिन्दगी
रूकेगी कहाँ?
अन्तहीन अँधी गुफाओं का भी
कहीं होता है इतिहास।
पर अंधेरा,
और अंधेरा
इतना अंधेरा
अंधेरा इतना–
अंधेरा ही अंधेरा।

❑

बीच का सत्य

आग और पानी
के बीच भी
कुछ होता है।
आग और आग
पानी और पानी
के बीच भी।
पर
मुझे मात्र मुक्ति नहीं,
बंधन और मुक्ति
के बीच का
सत्य चाहिए।
शिव और सौंदर्य
के बीच का सत्य
सत्य और सत्य के
बीच का सत्य!
मात्र सत्य नहीं।

❑

वह कौन है

पर
वह जो
आ रहा है,
वह मैं तो
नहीं!
फिर मैं यह
किसकी
मशान की
आग जला
रहा हूँ?
वह कौन है?
जिसकी मौत
मैं मर रहा हूँ।

❑

बंटवारा

आकाश भी बाँट लिया
तुमने
जैसे–
खेत–खलिहान
बाँटते हैं
घर–द्वार बाँटते हैं
मैंने तो सोचा था
तुम कभी किंचित दुख बाँटोगे,
कहीं ओस की बूँद की तरह
छिटका सुख मिलेगा तो
उसे भी मोती की
तरह बीन–बीन कर
मेरी रीती झोली में
भर दोगे
पर तुमने तो सुख नहीं
दुख नहीं
दर्द से दुखते मेरे
ही जिस्म को बाँट डाला
बलि के पशु की
तरह।

❑

उजास

इतनी सुन्दर चाँदनी है,
चादर को ही
भिगो लें इस में
खूँटी पर फैला देंगे,
शायद
घर के किसी कोने में
किंचित उजास हो।

❑

अग्नि-स्नान

आग की आँधी आ रही है,
डरो नहीं,
उठो।
तुम भी एक बार स्नान कर लो
आग में।
कुन्दन बनना है,
तो तपना भी है,
गलना भी,
तिल-तिल जल कर
जीना भी।
और जी-जी कर
मरना भी।

❑

हितैषी

हितैषी आया था,
मेरे सुख के लिए
मेरा सिर काट कर
ले गया यह कहता हुआ–
जब आँखें ही नहीं रहेंगी
तुम्हारे पास
तो
दुख कैसे देखोगे?

❑

पिता

पिता नहीं अब,
वह हाथ भी नहीं,
जिसे थाम कर
चल सकूँ।
अपनी ही अंगुली पकड़ कर
चलता हूँ अब–
अपने घर से
अपने घर तक
पहुँचने के लिए!

❑

धुन्ध

धुन्ध उदासी का
मैं ही तो खरीद कर लाया था
हाट से।
उजली हंसी के साथ मिला था मुझे,
हरी मिर्च / पोदीने की तरह
उसने मेरी झोली में
यों ही डाल दिया था।

❑

चलो

चलो
असत्य के घर चलें
पूछें उससे–
इन कुछ वर्षों में
तुम कितना फले–फूले
तुमने जो अर्जित किया
क्या वह
तुम से बड़ा हो गया?
जिसे पाला–पोसा तुमने
क्या
वह
अपने पाँवों पर
खड़ा हो गया?

❑

आल्पस में

हिमालय
मैंने तुम्हें
आज आल्पस में भी
देखा था
चमचमाती
सफेद धूप में–
चूने की तरह
किसी ने बिखेर दी थी ठंडी राख
तुम्हारे नंगे बदन पर
और
तुम सन्यासी-से लग रहे थे–
साधना में लीन
पर
तुम्हारी मुँदी पलकों पर
कुछ प्रश्न थे–
कहीं-कहीं शरीर पर रक्त के
लाल छींटें भी
तुम्हारी अनकही व्यथा
तुम्हारे नयनों से पिघल कर
बह रही थी
आतंकवाद से छलनी हुआ
तुम्हारा बूढ़ा शरीर
क्या यहाँ भी
कराह रहा था।

❑

मैंने देखा है

मैंने
पत्थरों पर पाँव उगते
देखे हैं–
पँख देखे हैं–
भारी–भारी शिलाओं की
बाँहों में फड़फड़ाते,
सागर को रेत बनते
खेत बनती नदियों को।
मैंने देखा है–
आदमी को
अपनी चिता जलाते–
मैंने देखा है।

❑

अर्थहीन

बूढ़ा हो गया हूँ
व्यर्थ
कोट के
आस्तीन के बटनों की
तरह
अर्थहीन!

❑

कैनवास पर

कैनवास पर
जलती आग
अब
ताप देने लगी है
वृक्षों के साए में
बहते झरने के
बिखरे जल से
आधा से
अधिक कैनवास भीग गया है
देखो,
इन खिलते फूलों को
यों न तोड़ो,
इन में
फूलों का रंग ही नहीं
फूलों की गंध
भी है।

❑

छत का सूरज

सुबह
घूमने गया था
उगता सूरज दीखा–
उसे ही
झोले में डाल कर
ले आया
छत पर टाँग दूँगा–
चमकता रहेगा
दिन–रात।
इस छोटे–से कमरे में
जगह ही कितनी है!
कहाँ डूबेगा?

❑

मजबूर

जो चाहा था,
वह नहीं
जो नहीं चाहा था
वह भी नहीं
जिन्दगी में
कभी-कभी वही सब मिलता है,
जो चाहने
न चाहने से परे
जो चाहने
न चाहने से दूर
जो चाहने
न चाहने की
सीमा में
सिमटने के लिए
मजबूर होता है।
❑

साँझ

उपलों की आँच में
तपे
साँझ के बादल
मटमैले, धुमरैले
जंग लगे,
बरसने को आतुर।
रंग तो और भी थे
तुम्हारे दिए,
और भी थे स्वर,
पर वह भीगी चादर
कहाँ से लाऊँ,
जो मेरे प्राणों की तरह
निचुड़ कर
बूँद-बूँद रिस कर,
भर सके सागर।

❑

दहशत

साँझ का सूरज
अभी डूबा तो
नहीं,
फिर दिशाएँ लाल
क्यों हैं?
क्यों अकारण एक तपन-सी
उठ रही है?
क्यों धुआँ-सा
घुट रहा है?
बर्फ के इस ठिठुरते मौसम में भी
लपटें क्यों
दहशत-सी पैदा कर रही हैं
क्यों अपने ही साए से
भय लग रहा है?

❑

लूट

रात कुछ
ओढ़ने के काम आई,
कुछ बिछाने के।
नहीं तो
उस ठिठुरन में कैसे जीता?

दिन की ऊष्मा तो
लूट ली सब ने,
रात को फटी चादर की तरह
फेंक दिया सड़क पर

इस आपा-धापी में,
लूट में सब सहभागी हैं–
मैं दूर खड़ा
देख रहा हूँ तमाशा
भरी बाजार में
अपने ही लूट जाने का!

❑

कालिख

कितनी कालिख
पुती है,
इन चेहरों पर,
उजले और उजले बनाने की होड़ में–
इन के अपनों ने ही
लगा दी है।
वे भी क्या करते बेचारे,
कोई और लगाते बेरहमी से,
इस से अच्छा है,
खुद ही लगा दी
बेशर्मी से!

❑

कहाँ लिखा है

आदमी का रक्त बहाना
बुरा है,
कहाँ लिखा है?
कहाँ लिखा है,
घरों को जलाना,
बारूद के विषैले धुँए से
घर की उजली दीवारों को
धुँधलाना, बुरा है।
लूट क्या होती है?
जनतंत्र के नाम पर
छूट किसे कहते हैं?
उगने से पहले सपनों का दम तोड़ना
पाप को पुण्य से जोड़ना
बुरा होता है,
कहाँ लिखा है?

❑

आओ

आओ,
चलें साँची,
सारनाथ, श्रावस्ती, जेतवन चलें,
दीपक बन कर जलें
सूरज बन कर ढलें

आओ,
एक शाम अर्पित कर दें
कुशीनारा के नाम
वृद्ध तथागत की तरह
हम भी पार करें हिरण्यवती,
शालिवन की छाँह में
रात्रि के अंतिम याम
दो शालि वृक्षों के मध्य
समाधिस्थ हो जाएं
प्राण।

❑

केवल मैं

इस अनन्त प्रतीक्षा का अंत
आखिर कहाँ होगा?
कहाँ होगा प्रारम्भ
उन अजन्मे शिशु सपनों का?
जिन्हें मैंने जिया है
बूँद-बूँद मैंने पीया है।
बिखरे हैं सारे रास्ते
उलझे धागों की तरह
और वे
हौले-हौले
पनीले सांपों की तरह
सरकते-सरकते भीतर की ओर आ रहे है–
जहाँ अकेला हूँ मैं / जहाँ अकेले में हूँ मैं
जहाँ भीड़ भी हूँ मैं,
शोर भी–
मौन भी
मैं में समाया
केवल मैं!

❑

अग्नि-पर्व

जलने दो आग को,
आग को जलने दो,
आग नहीं जलेगी
तो अग्नि-पर्व कैसे मनेगा?
सदियों से संचित
हमारे अनउगे, अनछुए
सपने कैसे जलेंगे?
जो घरौंद रेत के बदले,
अपनी हड्डियों की राख से
हमने बनाए थे–
वे भरभरा कर कैसे गिरेंगे?
अपने रक्त से बूँद-बूँद सींच कर,
अपनी हथेलियों पर
जो नदियाँ बनाई थीं–
वे कैसे सूखेंगी?
हर दिशा में प्रकाश के लिए
जो खिड़कियाँ खुली रखी थीं–
वे अँधकार में
कैसे समाएँगी?

❑

एक अंधी आकांक्षा

अपनी हया,
अपने वस्त्र,
अपनी त्वचा,
अपनी अस्थियाँ, मज्जा,
सब उतार कर फेंक दिए हैं तुमने,
आखिर, अब और नंगा होने के लिए
बचा ही क्या है?
एक दुर्दान्त दानवीय प्यास!
पद, मद की अंतहीन लिप्सा,
एक अंधी आकांक्षा–
जिसने मानव से अधिक अमानव
पशु से अधिक पशुवत
संस्कार दिया है!
अपनी कंटीली देह पर
मानव की खाल ओढ़े
अपने पैंने पँजों से तुम कितना
माँस नोचोगे?
नर भक्षण की यह प्रवृत्ति
आखिर किस छोर पर रुकेगी!

❑

दंशित

सोने न देना
जगाए रखना
लोग कहते हैं–
जैसे ही हम सोएँगे
मर जाएँगे

क्योंकि
हम साँप के डसे हुए हैं।

❑

रक्तबीज

रक्तबीज की तरह
अनगिनत विष-वृक्ष
उग आए हैं-
साँपों की इस घाटी में।

हिंस्र पशुओं की अँधी भीड़
कुलाचें भरती
आगे बढ़ रही है।

पीछे जंगल हैं,
कंटीले तारों के,
आग की लपटें हैं-
लपटें ही लपटें-

झूल रही हैं
बर्फीली वादियाँ
हरे-भरे मैदान।
दरियाओं में लहू
उफन रहा है।

मेरे नन्हे वर्तमान।
अपनी देह देता हूँ तुम्हें,
देता हूँ-
अपना भविष्य
तुम जी गए तो
जी जाएगा, मेरे अस्तित्व का अहसास,
मेरा इतिहास।

❑

बेसहारा

नदी का एक तट,
इस पर बाग लगाओ,
फूल उगाओ
या
चिता लगाओ,
नियति तो सबकी यही है,
आरम्भ भी,
और अन्त भी यही।
जब एक व्यक्ति,
नहीं नहीं एक समाज
एक देश मर जाता है,
तो यही होता है,
जहाँ फूल खिलने चाहिए थे,
चिताएँ सुलगती हैं,
बच्चों की
किलकारियों के लिए
जो आँगन बना था,
वहाँ मातम का माहौल होता है।
जो हाथ सहारा
देने के लिए बने थे,
वे बेसहारा करने के लिए
आगे बढ़ते हैं
आखिर कितनी हत्याएँ करोगे?
कितना लहु बहाओगे?
कितना लहू पियोगे?
जल की प्यास तो
जल से ही बुझती है,

लहू से नहीं
लहू को लहू
और जल को जल ही बने
रहने दो
देखो,
कहीं तूफान में
बुझ-बुझकर
जल रहा है दिया,
न बुझाओ उसे
वह बुझ गया तो अंधेरा
अंधेरे को ही नहीं,
कहीं तुम्हें भी लीलने लगेगा।
दीए को लेकर चलो,
तो दीए ही जलेंगे चारों ओर,
सौ-सौ सूरज
राह पर
स्वत: उगेंगे।
मंजिल तक तुम नहीं,
मंजिल तुम तक पहुँच आएगी,
नए युग का इतिहास
तुम्हारी हथेली की
रेखाओं पर होगा-
तुम्हारे माथे पर होगा
सफलता का हाथ।
तुम दिया खोजो तो सही,
दीया अपने आप जलेगा
अपने आप तुम्हें
खोजेगा पथ।

❑

जमीन

जमीन पर बिछी,
काली, हरी,
पीली मटमैली
थेगलियाँ,
कहीं-कहीं
बटी हुई रस्सी का एहसास जगाती
लावारिश-सी नदियाँ
चाकू से कटे
चाकलेट के टुकड़ों की तरह
कतारों में सिमटी
बस्तियाँ।
कोई एक देश।
आसमान से नीचे झाँकने पर
कैसा लगता है कोई देश।
कैसी लगती है
कोई धरती।
धरती पर उगे घर
उगे वृक्ष
उगे खेत खलिहान
कैसे लगते हैं?
सच,
मनुष्य भी क्या है?
क्या है उसका अस्तित्व?
कितनी आशाएँ
कितनी आकांक्षाएँ

कितने सपने
कितने संसार
कितने ब्रह्माण्ड
धरती के फटे
हरे पत्तल पर बिछे
नन्हे से टुकड़े में समा आते हैं?
लगता है–
इतनी दुनिया जीतने पर
इतनी धरती पर
बाहें पसारने के पश्चात भी
आदमी
आजीवन कितना समेट पाता है।
जब भी मरता है,
आदमी मरता है,
आकांक्षा नहीं,
जलती है आग,
पर तपिश नहीं,
ज्यों-ज्यों आग बढ़ती है,
बढ़ती है आग–
तपिश भी बढ़ती चली
जाती है
ज्यों-ज्यों धरती दूर होती है,
होती है धरती दूर–
त्यों-त्यों धरती की धड़कन
समीप चली जाती है।

पंख पसारने से
क्या पंख बड़े हो जाते हैं?
मात्र चलने से
क्या दूरी कम हो जाती है?
इस अंक गणित की
संख्या
जोड़ने से नहीं
घटाने से बढ़ती है।
शब्द से नहीं,
आदमी अर्थ से सीखता है
शायद इसीलिए
जिन्दगी से अधिक
मृत्यु में जीता है।

❑

यह धरती

यह धरती
अखरोट होती तो तुम
कब के
पत्थर से तोड़कर
छिलके फेंक कर
इसे
खा गए होते!

होती यह आलू
तो
तुम आग में भूनकर
कब से निगल
गए होते!

नारंगी होती तो
तुम रस निचोड़ कर
कब के
पी गए होते!

तुम्हारी प्यास तो
अन्तहीन है
तुम प्याज के छिलकों
की तरह
अब
परत-दर-परत

इसकी
परतें उतार रहे हो–
कुछ पाने की
उम्मीद में,
सब कुछ
गंवा रहे हो!

कुछ नहीं अधूरा
कुछ नहीं पूरा,
अंकों का जोड़ भी
कभी-कभी
कितना बेजोड़ बन जाता है।
अपनी ही परिधि पर
घूमता आदमी,
अपना ही आइना बन
पूरी परिधि घुमा देता है–
नाव से
पतवार को खेता हुआ,
दर्द का सागर
पार कर लेता है।

❑

अहसास

(1)

रोटी के बदले
हाथ में अंगारे लिए
बच्चे चहक रहे हैं,
इन्हें खेलने दो।

जिस दिन इन्हें
सच का अहसास हो जाएगा
ये स्वयं अंगारे बनकर,
खुद को खाने लगेंगे।

❑

(2)

चिता की आग में
तुम जो रोटियाँ सेंक रहे हो,
इन बच्चों को खाने को दे दो,
ताकि
इन्हें यह अहसास हो सके
कि
लकड़ी की आग
आदमी की आग से
अलग नहीं होती।
आग
केवल आग होती है।

❑

(3)

अंजुरी में
भरा जल
रिस जाता है जैसे,
वैसे ही कुछ
रिस गया है।
कहीं एक रिक्तता का
अहसास–
शनैः शनैः
कुछ छूट गया–
टुकड़े-टुकड़े में
दरक कर टूट गया।
देख रहा हूँ मैं
रीती आँखों मे
एक टुकड़ा आकाश
मेरी पलकों पर
उग आया है–
अंधियारा उजास।

❑

क्यों

तुमने अपने वस्त्र,
अपनी खाल
अपनी मज्जा, अस्थियाँ
सब प्याज के छिलकों की तरह
उतार कर फेंक दी हैं
आखिर अब और
नग्न होने के लिए बचा ही क्या है?
अतीत की,
युगयुगों की सभ्यता ने
कोई एक संस्कार दिया था तुम्हें
पशु से आदमी बनने का
परन्तु तुमने फिर
यह किसी हिंस्र-पशु की खाल
ओढ़ ली है
कि तुम्हारी पूरी देह में
रक्त-रंजित
नाखून ही नाखून–
दाँत ही दाँत
उग आए हैं।

यह पर्वत पत्थरों का नहीं,
सफेद अस्थियों का ढेर है
यह गंगा नहीं,
रक्त की निरंतर प्रवाहित होती
नदी है

किनारे पर बिखरे
ये पाषाण नहीं, नर-मुण्ड हैं
कापालिक के वेश में घूमते हुए
ये नर भक्षी कौन हैं?
इन खप्परों में
लाल-लाल क्या छलक रहा है?
पूर्व की दिशा में
यह क्या उग रहा है?
ये अंधेरे की काली किरणें
किस तेजी से
काले धुएँ की तरह
बिखर रही हैं
वायु मण्डल में,
आसमान आंवे की तरह
क्यों तप रहा है?
इन हरे-भरे खेतों में
नागफनी की फसल क्यों लहलहा रही है?
ये मशान खाली क्यों है
लावारिश खण्डहरों की तरह।
इन दरारों में क्यों
छिपकलियों की तरह
कटे अधकटे, जले अधजले
आदमी छिपे हैं जहरीले,
जो साँप से भी भयावने हैं?

रात का सन्नाटा
जब सिमिट आता है
तो इन वीरान खण्डहरों से

किसके चीखने का स्वर गूँजता है?
ये लावारिश लाशें किसकी हैं?
अंधेरे में
जुगनुओं की तरह चमकती
इन संपीली आँखों में
किस प्रलय का प्रकाश है?
यह बिना शिरों का,
मात्र धड़ों का जुलूस
कहाँ जा रहा है?
हवा में झूलते
कटे हुए हाथों में
ये आग की फहराती पताकाएँ
किनकी हैं?
ये दुर्दान्त लपटें धूं-धूंकर जलती
सारा आकाश
क्यों झुलस रही हैं?

❑

विरासत में

मेरे
घरौंदे की / गोबर से लिपी
गीली दीवार पर
हर रात
कौन
अपनी रक्त-रंजित
हथेलियों की छाप
छोड़ जाता है?

मेरे
गाँव की
हर बावड़ी पर
क्यों किसी शव का प्रतिबिम्ब
चीथड़े की तरह
तैरता दीखलाई देता है?
हो सकता है, वह मेरा हो,
तुम्हारा हो
या
उस क्रूर काल का
जो काल बनकर
हमें हर रोज डंस रहा है?

कभी सोचा तुमने–
हा-हाकार करता कोई
क्यों निरन्तर

चुपचाप सिसक रहा है?
क्यों कोई घाव
नासूर बनकर
भीतर ही भीतर रिस रहा है?

अपनी ही चीख
जो
सुन न पाए,
अपना ही चेहरा
जो आईने में देख न पाए–
उसकी मौन पीड़ा का
साक्षी भला कौन होगा?

देखो ने,
यह सदा नीरा शाश्वती,
जिसके किनारे
तुमने गीले बालू के
घर बनाए थे–
अब मरी मछली की तरह
रेत पर औंधी पड़ी
कराह रही है।

चारों ओर
क्यों है, ऐसा करुण क्रन्दन?
घना अन्धकार
विषैला धुआँ?
देखो ने,
मेरे आँगन की

हरी-भरी धरती पर
आग की
अनहोनी फसल क्यों लहलहा रही है?
क्यों
किसी का आर्न्तनाद
आकाश का अन्तर
चीर रहा है?

घास की
यह झीनी झोपड़ी
मेरे बेटे,
जिसे मैंने चिड़ियों की तरह
तिनका-तिनका जोड़कर
तुम्हारे छाँव के लिए
बनाई थी,
हर रोज
सूखी घास का ढेर बनकर
क्यों धधक रही है?
किन आतताइयों के हाथ
मैंने
बन्धक रख दिया / तुम्हारा
उगता भविष्य?
तुम्हारे इतिहास के पन्नों पर
कुछ लिखने से पहले
मैंने
स्वयं स्याही उड़ेल कर
क्यों ऐसी कालिख पोत दी,
जो अन्तहीन सागरों के

स्वच्छ जल से भी
धुल न पाएगी कभी।
मेरे नन्हे बेटे–
आँधी के बीच
झुलसे चिराग,
भीड़ भरे चौराहों पर
तुम
आत्मदाह नहीं करोगे
तो / फिर
कौन करेगा?
हिंसा, भूख और अन्धकार
के अलावा
विरासत में
मैंने दिया ही क्या है
तुम्हें?

❑

मिट्टी का आँगन

किसी न किसी
रूप में
मैं रोज मर रहा हूँ
कोई आततायी / तीर की तरह
आता है
मेरे सीने पर
गोली का घाव कर
चला जाता है
अपने छलनी-छलनी
घावों पर
सब में मलहम नहीं लगाता
किसी और के
बारूद के लिए यों ही
खुला छोड़ देता हूँ।
मालूम है मुझे-
फिर कोई और अचानक आएगा
मेरी प्रतीक्षा में
मेरी देहरी पर खड़े
मेरे मासूम बच्चों को
अनाथ कर जाएगा।
मेरे मिट्टी के आँगन में

मेरे ही रक्त के
छींटे छोड़ जाएगा–
किसी और में
दहशत पैदा करने के लिए
किसी और का घर
जल जाएगा
मुझे मालूम है,
मुझे रोज मरना है
किसी और से नहीं
अपने से ही डरना है।

❑

मेरा तो नहीं

हर रोज
जहाँ
निर्दोष–निरपराध
अकारण
नर–बलि के निमित्त
बनते हैं
पूरे के पूरे परिवार
सुला दिए जाते हैं
कफन की सफेद चादर पर
वृद्धों की हत्याएँ–
अबोध शिशुओं के
अपहरण होते हैं
सेवा के नाम पर
सत्ता में आए लोग
जहाँ
काले धन के
काल पात्र बन जाते हैं
देवत्व की आड़ में
जहाँ
नर–पिशाच
देश के ही साथ
दुष्कर्म करते हैं
जहाँ
दुग्ध धवल हिम–श्रृंग
रोज

सुबह–शाम
रक्त से स्नान करते है।
रूधिर धाराएँ
गंगा–यमुना
बनकर बहती है
वह देश तो मेरा नहीं।

पूरब–पश्चिम
उत्तर–दक्षिण
हर ओर आग
आग ही आग
मानव देहों
की यह दुर्गंध।
अरे,
कहाँ आ गया मैं
किस मरघट में।
कौन कहता है
इस धरती का सम्बन्ध
मानव से
मानवता से है
यह धरती
नहीं नहीं
मानव भक्षियों का
यह देश मेरा तो नहीं।

❑

पल के लिए

तन्हा तो मैं पहले भी था
पर तुमसे मिलकर
क्यों लगा कि तन्हाई
ऐसी भी होती है?
ऐसा भी होता है दुख,
ऐसी भी होती है
वीरानी।

कतरा-कतरा लहू
बटोर कर
मैंने तुम्हारे लिए
प्याला भरा
कतरा-कतरा स्याही से
तुम्हारा नाम लिखा।

कतरा-कतरा जहर पीकर
कतरा-कतरा यह जिंदगी जी।
एक पल के लिए
सदियों-सदियों का इतिहास जिया।

❑

ठण्डा सूरज

मेरी रीती हथेली पर,
कोई
दीये की तरह
थोड़ा तेल
रख गया था
और
एक बाती भी
उसे दियासलाई से जलाता हुआ
बोला था—
यह आबरू है
देश की
इसे बचाए रखना
आज दीया जलने दोगे तो
कल
तुम्हारी
इसी हथेली पर
सूरज भी उगेगा।

सदियों से
झुलसी हथेली पर
जलती बाती लिए-लिए
भटक रहा हूँ,
पर, सूरज है कि
कहीं दीखता नहीं!
लोग कहते हैं—

उगने से पहले ही
वह पूरब में कहीं
पानी में डूब कर
कोयले की तरह
बुझ गया है
बेचारा!

❑

सबक

हम कृतज्ञ हैं
उस
भेड़ के
जिसे यहाँ
खादी के कफन में
लपेट कर
दफनाया गया है।
जिसके खुर नहीं,
नाखून थे,
छोटे-छोटे अहिंसक दाँत,
जिनकी सहायता से,
राष्ट्र के भविष्य का
नक्शा कुतर कर
उसने / हमें देशभक्ति का सबक
सिखाया है।

❑

रॉस द्वीप के वृक्ष

नारियल के हरे झुरमुट के बीच
खण्डहर
खण्डहर-ही-खण्डहर
आड़े तिरछे बिखरे
लोहे के जंग लगे शहतीर,
छत की जगह कहीं-कहीं
फटी थेगली भर नीला आसमान
फिसलन भरी काली काई
टूटी दीवारों पर उगे
वृक्ष
अनगिनत बाँहों वाले
ऑक्टोपियस की तरह,
जिन्होंने कसकर
जकड़ ली हैं,
टूटी दीवारें अपने पंजों से
कभी वृक्षों के उग आने से
टूटती थीं दीवारें,
पर यहाँ
टूटी दीवारों को
रस्सी के जाल की तरह,
बाँधे हैं
वृक्ष / रॉस द्वीप के,
ऊँचे-ऊँचे
वृक्ष।

❑

हताश

माँ
बचपन में
तुमने कभी कहा था–
दूध की नदियाँ बहती थीं
कभी यहाँ–
बुद्ध का अवतार हुआ था
यह दया, करुणा की धरा है
पर,
अपनी उगती निगाहों से
जब मैंने
यह सब देखना चाहा,
तो
हताशा ही लगी हाथ।
अमृत के बदले
नदियों में गरल बहते देखा,
दया / करुणा नहीं,
लोगों को
लोगों को लहू पीते पाया।
माँ,
तुम माँ होकर
गलत कह सकती हो कभी
फिर माँ,
ऐसा क्यों कहा था तुमने?

❑

हीथ्रो में कुछ क्षण

आसमान धुंधलाया है आज,
वर्षा है बाहर–
जाड़ा है।
हीथ्रो के इस एकान्त
कोने पर बैठा
मैं उन उदास क्षणों को
जी रहा हूँ–
जो मेरे नहीं थे,
नहीं थे मेरे लिए।
पर उनका अहसास
भयावह सपने की तरह टूटता,
मुझे कहीं
झकझोर रहा है–
तोड़ता हुआ।
आसमान बादलों का नहीं,
विमानों की गड़गड़ाहट
से फट रहा है।
हर पल एक विमान
उड़ता है
एक उतरता है।
ट्रालियों पर असबाव लिए
यात्री
भाग रहे हैं–
भागते क्षणों को पकड़ने के लिए।
पर

मैं प्रतीक्षा में हूँ–
कब से?
किसकी?
क्यों?
हाँ, कभी-कभी
एक क्षण वह भी आता है
जीवन में–
जब सहसा सब ठहर जाता है,
थम जाता है–
गतिहीन होकर।
स्तब्ध-सा खड़ा मैं खोज रहा हूँ–
जाना कहाँ है, मुझे?
जहाँ मैं जा रहा हूँ लौटकर–
वह तो तेरा गन्तव्य था
नहीं।
फिर मैं कहाँ जा रहा हूँ?
क्यों?

❑

रात्रि-पर्व

(त्रिनिदाद जाते हुए विमान पर)

अंधेरी रात
मुक्ति का महा पर्व
चलो, हम भी रच लें गीत
बुन लें कुछ छन्द
जो लिखे नहीं
गाए नहीं गए।
सृष्टि करें उन सपनों की
जो सपनों से भी आगे के
सपने हैं–
सपने होकर सपने नहीं,
कहीं सच भी हैं।
सीमाएँ तो और भी हैं
और भी हैं
अनेक सत्य,
आओ,
हम सीमा रहित सीमाओं की
सत्य रहित सत्य की
संरचना करें
एक ऐसा प्रकाश उगाएँ
आकाश की धरती से
जो उगे
तो फिर डूबे नहीं–
अटका रहे
आकाश के माथे पर
सुहाग के लाल टीके की तरह–
टिका रहे
अनन्त काल तक। ❑

लौटते हुए

इतने दिनों बाद
लौट रहा हूँ
घर
पर, कौन याद कर रहा होगा
मुझे?
पत्नी,
पुत्र
या
अखबार डालने वाला
हॉकर
या
डाकिया।
नहीं, नहीं
इनके अलावा
किसी और ने भी
किया होगा याद–
गौरेया के उस शैतान
जोड़े ने–
जिसने मेरे कमरे में
जोर–जबरदस्ती
बना लिया है घौंसला अपना,
या बालकनी पर
सुबह–शाम शोर मचाने वाली
अनेक चिड़ियों ने
जिन्हें हर रोज दाना देना,

साँस लेने की तरह
मेरी दिनचर्या का एक
अनिवार्य अंग बन गया है
या
बाथरूम के बाहर
बाहर की दीवार के सहारे
लोहे के मोटे पाइप के पास,
चौकोर छेद में
अपना घर बसाने वाली नटखट/
शर्मीली गिलहरी ने
जिसके/दो नवजात शिशु
सुबह होते ही,
उस चौखटे के बाहर
दुबक कर
टुकुर-टुकुर झाँकते हुए
सहमे से–
मेरा इन्तजार करते हैं।

❑

आसमान

आसमान
टूट कर
टूट-टूटकर
सागर में गिर रहा है
तो गिरने दो।
हवा में तैरते हुए,
काँपते पक्षियों को
तूफानों में घिरने दो।
सूखी घास के इन घरौंदों को
जलने दो
आग में।
ढलने दो सुबह का सूरज,
मुरझाने दो
इन मुस्कराती वादियों को,
बुझने दो
इन दीयों को,
जिन्हें तुम अपनी हथेली पर
धर कर जलाने वाले थे।
आखिर क्या करना है हमें
उस रोशनी से-
जो अंधेरा बनकर फैलती हो
उस आग से-
जो बर्फ बनकर पिघल जाती हो।

हर बाढ़ नदी तो नहीं होती?
हर पतझड़ के पश्चात्
बहार तो नहीं आती?
आदमियों के जंगल से–
नहीं बनती हैं बस्तियाँ।
आदमी दर आदमी गाँव दर गाँव
शहर दर शहर के
पैबन्दों से
नहीं बन जाता कोई देश।

नहीं चाहिए हमें खुशहाली
घिरने दो,
धुआँ घिरने दो।
बंजर धरती को
बंजर ही रहने दो
इन नर-पिशाचों का भोज्य,
इन अंधे साँपों की बांबियां
बनने से बेहतर है–
दल-दल बन जाना–
दल-दल बनकर
रसातल में समा जाना।
प्यास कितनी ही गहरी हो
हम लहू तो नहीं पीते।
भूख
कितनी ही भारी हो
हम अपने माँस पर तो
नहीं जीते।

इसलिए
बनने दो सब राख
मिटने दो सब धूल
उसी से उभरेगी
एक नई आँच
उसी से आएगा
कोई नया उजास
भरने दो
भरने दो
यह अंधकार-घट
भरने दो
जिन्हें जीना था,
उन्हें मरने दो।

❑

काठमाण्डो : दिनांक दस दिसम्बर

कल रात,
रात के सघन अंधकार में
आकाश पर उड़ते विमान से
मैंने देखा था–
काली, विस्तृत चादर पर,
दूर कहीं नीचे–
कुछ मरकत,
कुछ मोती,
कुछ रक्तवर्णी रत्नों का चूर्ण
अनायास
बिखरा हुआ है
दूर–दूर तक।

झिल–मिलाते
इन धरती के नक्षत्रों का अस्तित्व–
मुझे अतीत से अतीत,
वर्तमान से वर्तमान,
भविष्य से भविष्य–
की ओर सहसा एक साथ
ले जाता–सा लगता है।

विश्व की प्राचीन संस्कृति
की अनमोल धरोहर,
किसी कृपण कुबेर ने

यहाँ जैसे कब से छिपा कर रखी है।
"है" और "है नहीं" के बीच
फिर क्यों इतनी खाई है?
दिशाहीन होकर अंधेरी दिशाएँ,
किन रजत किरणों की खोज में,
कब से भटक रही है?
शौर्य की, स्वाभिमान की यह धरा,
करवट लेने के लिए–
कब से छटपटा रही है?

शक्ति बिखरी है।
रस्सियों के तार, तार-तार बिखरे हैं–
बिखरे हैं–
अनमोल, अनगिनत मोती।
कौन पारखी, कब आएगा?
पिरोएगा इन्हें,
स्नेह के सूत्र से–
एक रत्नमाला के रूप में।
सगरमाथा का कंठ,
कब से रीता है।
श्रमिकों का स्वेद,
शुरमाओं का उबलता रक्त,
चिन्तकों का अथाह ज्ञान–
प्रश्न ही नहीं,
प्रश्न-चिह्न-सा भी लगता है आज।
पशुपति के प्रांगण में,
शीत से ठिठुरते याचक,
नव प्रकाश के अवतरण की प्रतीक्षा में,
कब से बैठे हैं।

उनकी काँपती मुट्ठियों में
भिंचे सूर्य,
मुक्त होने के लिए,
कब से मचल रहे हैं।

अबोध शिशु,
निरीह सपने।
वर्तमान का नग्न सत्य,
नहीं, नहीं,
भविष्य की, अभीष्ट अभिलाषाएँ
कहाँ हैं?
कहाँ हैं,
ज्योति-पथ की स्वप्नवत शिखाएँ
तथागत की पुण्य-भूमि
लुम्बिनी के कण-कण में
कई तथागत भिक्षा-पात्र लिए,
चीवर धारण किये-
द्वार-द्वार, दस्तक दे रहे हैं।
खोल दो,
खोल दो,
सारे द्वार खोल दो
भोर का पावन-प्रकाश खिलने दो।
यह काला आसमान
जगमगाने के लिए
कब से आतुर है।

तुम्हारे दो हाथ
दो दिशाओं के प्रतीक हैं।
तीसरी दिशा तुमने रचनी है।

तुम्हें सृष्टा बनना है, अपनी नियति का।
करनी है सृष्टि,
अपने भविष्य की।
जहाँ प्रकाश हो या न हो,
पर अंधकार न हो।
सुख हो या न हो,
पर दुख न हो।
तुम्हारी हथेली पर,
रेशमी-रेखाओं सी खींची
ये भाग्य-रेखाएँ
सौभाग्य के सहत्र स्वप्नों का
सृजन करेंगी
जहाँ अग्नि-पथ पर भी होंगे-
शीतल अंगार।
खिलेंगे ऐसे पुष्प जो
कभी झरेंगे नहीं,
उदय होंगे अनगिनत नक्षत्र
पर होंगे अस्त नहीं।
बागमती,
तेरा तट साक्षी होगा,
उस काल का,
जब तेरी लहरों का अमृत
सृष्टि करेगा-
एक चिर नव,
चिर यौवन राष्ट्र का।
मुकुट बनेगा,

हिम शिखरों के मुकुटों का,
इतिहास बनेगा,
उस इतिहास का–
जिसके पृष्ठों पर,
तुम्हारी चेतना की स्वर्णिम
स्याही होगी,
सुनहरी आभा में डूबी–
उज्ज्वल ही नहीं,
दिव्य ही नहीं,
पावन भी,
पवित्र भी–
उस दिन तुम्हारा प्रवाहित होना,
सार्थक होगा।
सार्थक होगा।
त्रिशूली, कोसी,
काली का स्वप्न–
एक दिवा स्वप्न–
एक चिर स्वप्न–
सार्थक होगा।

❑

भेड़िए

भेड़िया आया है,
आया है भेड़िया–
ऐसा सुनते थे कभी,
पर अब भेड़िया नहीं आता,
आते हैं भेड़िए,
झुण्ड की शक्ल में
सुबह
मरे हुए बच्चों की छितरी लाशें
इधर-उधर दीखती हैं,
जिन्हें सीने से लगाकर
बिलखती हैं माताएँ,
जिनकी गोदी से
देखते-देखते उठा ले जाते हैं,
ये अदृश्य भेड़िए।
दिखलाई देने के बावजूद
जो दिखलाई नहीं देते।

पुलिस के गस्तीदल
गाँव के लोगों के साथ
दिन-रात टोह में भटकते हैं,
पंजों के निशानों के सहारे,
पंजों के बल चलकर
जंगल-जंगल छान मारते हैं
भेड़िया या भेड़िया जैसा
जो जन्तु जहाँ दीख जाता है,

उसी पर टूट पड़ते हैं–
ताकि भेड़िए से न भी सही,
भेड़िए के भय से ही
किंचित त्राण मिल जाए।
समाचार-पत्रों में सुर्खियों के साथ
तब छपते हैं चित्र
जमीन पर चीथड़े की तरह
मरा पड़ा भेड़िया
और उसके पीछे
बन्दूक और लाठियाँ लिए,
पराक्रमियों की कतार

फिर भी बच्चे मरते हैं,
भेड़िए के मरने बाद भी
मरते हैं बच्चे।
भेड़िए जब दीखते नहीं कहीं
तो कहीं कोई अजनबी,
चीथड़ों में लिपटा सोया गरीब,
या
इक्की-दुक्की भटकी पगलाई-सी
बूढ़ी भिखारिनों पर झपट पड़ते हैं
शिकारी कुत्तों की तरह–
खौंखियाए लोग,
पत्थर मार-मारकर
उन्हीं को मार डालते हैं,
जिन्हें यह भी पता नहीं
कि उन्हें क्यों मारा जा रहा है?
भेड़िया क्या है?

क्यों है?
कहाँ है भेड़िया?

हाँ, फिर भी हर रोज
छपता रहता है अखबारों में
अब मारे गये हैं,
इस क्षेत्र के सभी भेड़िए,
परन्तु,
बच्चों की क्षत-विक्षत लाशें
अभी भी दीखती हैं,
अभी भी भेड़िए आते हैं,
न आकर भी
आते हैं भेड़िए।
भेड़िए आने की
आ-आकर न आने की
पुरानी परम्परा है हमारी
शायद उसी का निर्वाह करने
यों आते हैं,
आते ही रहते हैं भेड़िए।

❑

जहाँ

जहाँ
गन्ने के ये खेत हैं
हरे-भरे
जगमगाती आधुनिक बस्तियाँ
चौड़ी सपाट सड़कें
साफ-सुथरी इमारतें
वहाँ कभी
घास के घरौंदे थे
घर थे
चीथड़ों में लिपटे-
गूँगे पुतलों के,
जिन्हें बहका-फुसलाकर
बंधक बनाकर
जहाजों में / दो पाए
पशुओं की तरह हाँक कर
लाए थे यहाँ।
अंधेरे कंटीले
जंगलों के बीच
झाड़-झंकाड़ हटाकर
जो बाड़ों की शक्ल में
रहते थे
नंगे पाँव
नंगे सिर
नंगे बदन / चिलचिलाती धूप में
पसीने के रूप में

लहू बहा कर,
उन्होंने एक नया नाम दिया था,
इस वीरान बंजर धरती को

कहने को
रीते हाथ आए थे
पर
एक समूचा संसार समेटे थे वे
उनके पीतल के पिचके लोटे में
गंगोत्री थी
गंगा सागर था
छलछलाती पूरी गंगा थी
चीथड़े में लिपटी
फटी एक पोथी ही
उनके लिए
वेदों की ऋचाएँ थीं कुरआन की आयतें थीं
आल्हा-ऊदल के सपने,
हनुमान चालीसा के
सिद्ध मंत्र थे।

मुट्ठी भर
मिट्टी भी थी कहीं,
पोटली में चंदन की तरह बंधी
जो अपने गाँव के आँगन से
चलते वक्त अनायास उठा कर लाए थे।
उस माटी में / सपने थे
समूचा स्वप्न / लोक था–
कश्मीर से
कन्याकुमारी तक
फैला भारत–
कुछ कणों में सिमटा।

विषुवत रेखा की
चिलचिलाती काली धूप
वर्षा की अनवरत बौछारें
भारी उमस
दिन-रात बंजर धरती से
द्वन्द्व।

रात को धधकती आग के चारों ओर
ढोलक-मजीरे की थाप पर
अतीत हुए / अतीत के
आँगन का बिरहा,
धूल से अंटे
इतिहास की धुँधली परतों पर
समय का साया–
उभर-उभर कर
मिटता-सिमटता।

धूप में जले नर कंकाल,
नहीं नहीं
पसीने से नहाई
थकी देहें
गल-गलकर,
मिट्टी में समाती–
मिट्टी बनती।

हरे पत्ते
झर-झर कर
फिर हरे होते,
निर्वासित सपनों में
कई-कई घाव
रिस रिस कर
कसकते

काल की पीड़ा
इतिहास की जली हथेली पर
फफोलों की तरह
जलन में जीती निरन्तर।

इसी तरह दिन
महीने
वर्ष
नहीं नहीं
बीत गईं सदियाँ
रीत गया काला कल
आज भी
कल बन कर
बीत जाएगा कल,
पर,
उस पीड़ा
उस यंत्रणा
उस यातना
की थाह
लेगा कौन?
चुकाएगा कौन मोल
लहू की
उन छटपटाती बूँदों का
जो पसीना बन
कर
धधकते तवे सी रूखी धरती पर
बिखरती रहीं।
जीते जी
जो बन गई राख–
उस देह का
दाह
कौन हरेगा? ❑

स्मृति-शेष

''बड़ा होकर मै।
क्या बनूँगा?''
नन्हे बेटे ने माँ से पूछा।
माँ किसी गहरे सोच में डूबी
बहकी-बहकी-सी बोली-
''बेटा, तुम कोलम्बस बनना,
एक जहाज बनाना,
और फिर खोजना
मेरे खोए हुए देश को।
पता नहीं किस
रसातल में भटक गया है
कहाँ?
दीया लेकर
इस अंधेरे में खोजती-खोजती
मैं बूढ़ी हो गई,
पाँवों पर छाले पड़ गए,
धुँधला गई हैं आँखें।
न जाने कहाँ विलीन हो गया
मेरा देश।
स्मृति शेष।

❑

अरुणाचल :
विमान से (1)

धरती हरी
वृक्ष हरे
हरी मछलियाँ
हरा जल
हरियाली का हरा रंग
हरे उजियाले की तरह
आकाश में बिखर गया है–
हवा में हरित गंध की तरह

इतनी हरियाली भी
कभी-कभी
कितनी वीरानी का कारण
बन जाती है।
जब तुम्हारी स्मृतियाँ,
हरे सागर में
डूब कर
कहीं सूखे घाव भी
हरे कर जाती हैं।

❑

अरुणाचल :
विमान से (2)

मोटी / मोटी
पतली / पतली
तागे की
नाइलॉनी / सफेद
पारदर्शी रस्सियाँ
उलझ कर बिखर रही हैं,
इस अँधियारी,
मटमैली धरती पर
कहीं-कहीं
काँच के टूटे टुकड़े की तरह
जल के चकत्ते चमकते हैं
तो क्यों
तुम्हारे चेहरे के हजार
अकृन उभर आते हैं
एक साथ!

❑

गंगा

गंगा,
तुम गंगा ही नहीं,
कहीं सरिता भी हो–
सूर-सरिता!
देवताओं की पवित्र नदी!
तुम्हारी निर्मल देह की,
पारदर्शी धाराओं में
मैंने कई सूरजों को एक साथ उभरते–
उगते देखा है।
कई चन्द्रमाओं को डूबते,
तारों को तैरते,
दुग्ध-धवल बादलों को
बहते पाया है!

तुम्हारी देह की
दो धाराओं के बीच,
मैंने सत्य को आत्मसात
करते पाया है,
विलीन, विसर्जित होते पाया है,
स्वयं को,
हिमखण्डों की तरह पिघले
तुम को।
तुम्हारे विसर्जन में,
सत्य के समर्पण में
स्वर्ग का कहीं रंगहीन,
रंगीन क्षितिज भी था।
जो आप्लावित कर रहा था तन-मन,
पिघल रहता था, मादक लावा-सा।

मधु की एक लकीर-सी,
प्रवाहित होती हुई,
आदिम-युग का एक इतिहास
रच रही थी।
वह जो देख-घट था,
अमृत-घट, तुम्हारी देह में,
अंजुरी में भर-भर कर, उससे
मैंने अमृत-रस का पान किया था।
तुम प्रवाहित होती नदी-सी
प्रबल वेग से, उद्दाम लालसाओं में
डूबी,
भागी जा रही थी,
न जाने किस गंगा-सागर की ओर।
गंगा-सागर में तो तुम
पहले ही समाहित थी गंगा,
हिमालय के अंक में,
धधकती हिम-ज्वाला-सी पिघलती,
बूँद-बूँद रिसती,
सम्मोहित-सी
किसी समाधि में लीन।
देह के कण-कण में तब
देह को समाने का सुख,
कितना अपूर्व था, अलौकिक।
तुम नदी भी थी,
नाव भी
और स्वयं ही कहीं नाविक भी।
कहाँ जाना था तुम्हें,
किस कूल,
किस कगार से दूर,
बहुत-बहुत दूर,
तुम झंझावत-सी उमड़-उमड़ कर,

उछल-उछल कर,
चट्टानों से टकराती, टूटती
यौवन के उछाह में मचलती,
आँखें मूँदे किस अज्ञात,
अनिवर्सचनीय स्वर्ग की शिराओं को छूने।
स्वर्ग भी तो तुम्हारे भीतर ही
समाहित था,
फिर कस्तूरी हिरनी की तरह
किस मादक गंध से पगलाई तुम
पहाड़ लाँघने को आतुर थी।
दुग्ध-धवल हिम शिखर के
अंक में समाई तुम,
ताप से पिघलती लौह-शिला-सी
छटपटाती,
विश्व की सारी मादक मदिरा,
अपने मादक अधरों से लगाकर,
तुम जिस तृप्ति का अहसास
अनुभव कर रही थी,
वह अपूर्व ही नहीं, कहीं अति अपूर्व भी
था न,
सुखकर!
देह का अदेह बनकर
देह में समाना,
बार-बार उद्दाम लहरों का
उद्दाम लहरों से टकराना,
यह तुम्हारी किस जन्म की तपस्या
का प्रतिफल था?
तुम्हारी तरल देह की तरल लहरें,
जल की नहीं,
कहीं पवित्र प्रकाश की अजस्र

धाराएं भी थीं।
उजियाले की उस सदा नीरा नदी में,
उजियाला बन कर समाई तुम,
जिस अकल्पनीय आनंद में डूबी थी,
वह छवि आज भी
किसी क्षितिज में, मेरू-प्रभा की
तरह अटकी हुई है।

गंगा, तुम गंगा ही नहीं,
एक निश्छल भाव भी हो कहीं।
सिहरती, काँपती, सुख के सागर में समाई
ओस की बूँद-सी लग रही थी-
किसी स्वर्ण-पत्र से लिपटी,
सूरज की सुनहरी किरणों से दिपदिपाती
एक समूचे ब्रह्माण्ड को स्वयं में
आत्मसात कर,
तुम कितनी पावन लग रही थी।
स्वयं ब्रह्माण्ड बनी,
स्वयं सूर्य बनी,
स्वयं जगमगा रही थी।
देह से देह ही नहीं,
आत्मा से आत्मा भी भोगी जाती है
भोगी जाती हैं,
सारी अनुभूतियाँ,
सारी भावनाएँ।
गंगा तब स्वयं गंगा सागर
बनकर अवतरित होती है,
इस धरा पर,
सत्य भी तुम्हीं हो,
स्वप्न भी।

अपने अन्तः में
कई बार, कई रूपों में,
कई रंगों में, अभी
इस गंगा सागर को समाना है तुम्हें!
समर्पित होना है, सुख बनकर,
समय का सत्य बनकर,
अपनी देह में
उगाना है, कई सूरजों को।
मधु-पर्व बार-बार नहीं आते।
पर तुम्हें अपनी अमृत की अतृप्त धाराओं से
यह पावन घट भरना है,
बूँद-बूँद कर रिसना है,
तुम्हारी अन्तर्रात्मा में
एक अन्तहीन सागर को।
नदी हो तो
तुम्हें सिंचित करनी है,
यह स्वप्न-धरा!
तुम्हें सिंचित होना है,
प्रकाश की प्रवाहित होती उस
असीम धारा से,
जो तुम्हारे रोम-रोम में
एक नया स्वर्ग रच दे।
रच दे एक स्वर्णिम संसार।
ओ, प्रवाहित स्वर्ण-सरिता,
तुम समाहित कर लो,
इस विशाल ब्रह्माण्ड को,
विसर्जित होकर,
उद्दाम लहरों को छोड़ दो,
विसर्निन्म होने के लिए!

❑

चीथड़ा

मैला-सा
एक फटा चीथड़ा
पड़ा था
आँगन के किनारे
किसी ने कहा–
यह देश है
इसे प्रणाम करो,
इसकी सेवा करो
सदियों से
यह इसी तरह
बीमार है
सन्निपात की स्थिति
में
बड़ी देर से
कराह रहा है

डरता-डरता
निकट जाता हूँ
छूता हूँ
हाथ लगाता हूँ
सचमुच चीथड़ा
बुखार में तप रहा है
धीरे-धीरे
गर्म साँसें लेता हुआ
दम तोड़ रहा है
अभागा! ❑

काला पानी : तीन चित्र

(1)

ये काल-कोठरियाँ
धुलभरी,
अंधियारे के अलावा
जिन में अब कोई नहीं रहता,
फिर ये चलते-फिरते साए
किन के हैं?

कोई स्वर नहीं यहाँ
वर्षों से वीरान पड़ी हैं ये,
फिर यह चीख कहाँ से
आ रही है?
कौन सिसक रहा है–
दीवारों के इन सायों में?
ये आहें, कराहें किन की हैं?
अंधियारी रातों में
कौन तोड़ता है
दम यहाँ?
पाँवों पर झूलती
ये बेड़ियाँ किसी की हैं?

दूर–
गलियारे से दूर–
बहुत दूर–
काठ की उस
काली कोठरी में

नारियल की मोटी–मोटी
खुरदरी रस्सी के सहारे
कौन लटक रहा है?
यह झूलता शव किसका है?

तार–तार कपड़े,
सूखी खाल / बुझी आँखें / एक मानव देह।
नहीं, नहीं
अभी–अभी लटकाया गया एक नर कंकाल,
रात के अंधकार में जिसे
फटे चीथड़ों की तरह
चुपचाप समुद्र की लहरों में
फेंक दिया जाएगा
मछलियों के जिबह होने के लिए

लाल मिट्‌टी से सनी
ये सफेद हड्‌डियाँ।
किसकी हैं ये हड्‌डियाँ?
अभी तक भी इन रीती काल–कोठरियों में
रहता है कोई,
बुझी–बुझी कुछ आँखें
अभी भी क्यों झांक रही हैं?

जंग लगे उन लौह–कपाटों को
छूता हूँ
उन दीवारों को सहलाता हूँ
जैसे कोई अपने ही आत्मीय के शव को
अन्तिम बार सहलाता है,
छूता है,
छू–छू कर देखता है।

उस मिट्टी को भी उठाता हूँ
जिस के कण-कण में
अभी तक भी
जीवन का स्पन्दन है,
क्यों है?

इतने वर्षों बाद भी
ये चिनगारियाँ
अभी बुझी क्यों नहीं?
क्यों इनमें दाह है,
मुट्ठी में भर कर,
बारूद की तरह छिड़क दूँ इन्हें,
उस शस्य श्यामला
धरती पर,
जो अब बंजर हो गई है
जहाँ आदमियों की नसों में
अब रक्त नहीं,
पानी बहता है,
क्यों बहता है?
कोई मरने के बाद भी
उन काल-कोठरियों में
जीवित कैसे हैं?
वैसे कोई
आँखें खोले भी अन्धा,
साँस लेते हुए भी
शव मात्र है
क्यों है?

❑

(2)

माँ अब नहीं हैं,
तुम्हारी राह देख-देख कर,
तुम्हें कोस-कोस कर
चल बसीं।

दादी उसी साल
गुजर गई थीं
जब तुम बेड़ियाँ पहन कर,
मुँह फेर कर,
चल दिये थे चुपचाप,
कभी न लौटने के लिए।

बावले-से बूढ़े पिता
तुम्हारे पीछे-पीछे
अनाथ बच्चों की तरह दौड़ते,
हाँफते-हाँफते
उसी क्षण मर गए थे,
जब तुम्हारी,
सजा का समाचार सुना था।

छोटे-छोटे असहाय बच्चे
गूँगे-से हो गए थे,
देहरी पर खड़े-
पत्थर की तरह,
चुपचाप
तुम्हें जाता देख रहे थे।
बंधी गठरी की तरह

जमीन पर धंसी
एक औरत को मरे,
अर्सा हो गया था।
पगली-सी–
जिसे अपनी विवेक की
तुला पर
कभी देश भारी लगता,
कभी
अपने अनाथ होते बच्चे।
अब चार–
नहीं, नहीं जैसे हजार पीढ़ियाँ
गुजर गईं आज,
बच्चों के, बच्चों के बच्चे,
किसी किताब में जब
तुम्हारा नाम देखते हैं
तो सहसा उछल पड़ते हैं–
''मम्मी, कभी हम भी
गए थे न कालापानी।
वहाँ हमें भी लगी थी न
फाँसी।
वह रस्सी हमारे गले के लिए थी न,
जिसे हमने
नारियल के रेशों को
कूट-कूटकर बनाया था,
जेल की उमस भरी कोठरी में,
अपने लिए।''

एक गहरा नि:श्वास भरती
माँ।

ताजे फूलों की
एक पतवर–सी माला,
प्रति वर्ष
एक धूमिल,
पुराने चित्र पर चढ़ा देती–
तुम्हारे मृत्युंजय
होने की स्मृति।

❑

(3)

जो गए
और
फिर वहीं रह गए,
उनके दुखों की थाह
कौन लेगा?
निर्जन द्वीप,
वीरान वातावरण,
विषैले जन्तु
दिन–रात गरजते काले बादल,
घनघोर वर्षा,

सूरज जहाँ उगता तो है
पर उगता नहीं,
हवा बहती तो है
पर बहती नहीं,
तट पर
टूट–टूट कर छटपटाती लहरें,
कुछ कहती तो हैं,
पर, कुछ कहती नहीं,

दूर कहीं–
अपने घरौंदे–सा घर
अपने घर का कच्चा आँगन,
धूलभरी अपने खेतों की
कच्ची पगडंडियाँ,
घुटनों के बल चलते चहकते
अपने बच्चे,
शाम को घर लौटती,
रम्भाती अपनी गाय,
चहचहाती
अपने पेड़ों की चिड़िया
सब सपने में ही
दीखती हैं अब।
बच्चों की माँ,
आँगन पर खड़ी,
भीड़ भरी सड़कों पर
अपनी पनियाई आंखों से
क्या खोज रही है?

बच्चे,
अनन्त प्रतीक्षा में हैं
उसकी
जो अब नहीं,
अब कभी नहीं,
आ पाएगा उन निर्जन द्वीपों से,
जैसे मरने के बाद
कोई फिर लौट कर
घर नहीं आता।

❑

कितनी बार

इन धधकते अंगारों पर
चलते-चलते
न जाने कितनी बार
यह देह राख हुई?
कितनी बार
उस अदृश्य नदी की जल-धारा में
विसर्जित हुई,
जो मन के भीतर, कभी वैतरणी बन
स्वतः प्रस्फुटित हुई थी-
चाँदी की रेख-सी।

कितनी बार
निर्धूम अग्नि के अंतस्थल में,
छिपा लावा
बूँद-बूँद रिस
कितनी बार
अन्तर का आर्त्तनाद
बनकर प्रस्फुटित हुआ?
सत्य असत्य बन कर
अनावृत हो सामने आया।
कितनी बार
आकाश अंधकार का पर्याय बना?
कितनी बार
धरती कण-कण बिखरी?

कितनी बार
मैंने इन दिशाहीन दिशाओं में
दिशाओं का संधान किया?
कितनी बार
जीवन में मृत्यु, मृत्यु में जीवन
का साक्षात्कार किया?
कितनी बार!

❑

सपने

बहुत से सपने
उन्मुक्त बछड़ों की तरह
आकाश में / बड़ी देर से
कुलाचें भर रहे थे
बाँध लाया था
मैं उन्हें
एक रस्सी के सहारे।
टाँग दिया
अपने घर की रीती दीवार
पर
बारहसिंगों / सिंहों के
कटे हुए
सिरों की तरह
बहुत हो गया
बस,
सपने
अब सपनों में ही आएँगे
और
सपनों में ही
कुलाचें भर कर
जंगली पशुओं की तरह
अन्तर्ध्यान
हो जाया करेंगे!

❑

कहाँ है ठौर

दिन-पर-दिन
सिकुड़ता जा रहा यह देश,
अब एक कमरे में
तब्दील हो रहा है।
धीरे-धीरे कमरा भी-
एक फटे पैबंद से छोटा
इतना छोटा कि दोस्तों,
मेरा दम घुट रहा है

मेहराब से बड़ा दरवाजा भी
अब हवा के लिए
तंग लग रहा है
खिड़कियाँ कहाँ पर थीं-
थीं भी कि या नहीं
टटोलने पर भी
याद नहीं आ पा रही हैं।

अपना ही साया
अब अपने को चिढ़ा रहा है
अपनी ही आवाज
अपरिचित हो रही है
अपना ही चेहरा-
दीवार सा सपाट,
दोस्तों,
बहरों की इस दुनिया में

किसे दूँ आवाज?
कौन देखेगा मेरी ओर
अंधों के इस
अँधेरे शहर में–

खुद अपनी आँखें खोकर
किसे खोजूँ मैं आज?
कहाँ जाऊँ?
इस छोटी-सी दुनिया में
पाँव टिकाने के लिए भी
कहाँ है ठौर?

❑

अभिशाप

यहाँ की साफ-सुथरी
रंगीन दुनिया
देखता हूँ
तो
अपने मैले-कुचैले, टूटे-फूटे
मिट्‌टी के घर
याद आने लगते हैं
यहाँ के
ताजे लाल गुलाब से बच्चे
मुझे
अपने आँगन पर
चीथड़ों में लिपटे
गंदी गलियों में
भीख मांगते
बच्चों के कई
चित्र उभार जाते हैं।
यहां की चमचमाती सड़कें
रंगीन मछलियों सी फिसलती कारें
कच्ची पगडंडियों की
धूल में अटी
बैलगाड़ियों की
परछाइयाँ छोड़ जाती हैं
हंसती चहकतीं
महिलाएँ
मुझे मेरे घर के

भीतर धुएँ से घुटती
मेरी बीमार
पत्नी के कंगाल
के सामने
कटघरे पर
खड़ी करती हैं
देश तो मेरा भी है
सपने तो मैंने
भी देखे थे–
घरौंदे तो
मैंने भी बनाए थे–
उम्मीदों के आकाश भी
छूने की मैंने भी
कसमें खाईं थीं–
फिर वह रेत का
सैलाब मेरे
घर में ही नहीं
मेरी आँखों में भी
क्यों अपनी बांहें
पसारे बैठा है?
किस का अभिशाप
बन कर
जीता–जागता, खिलता–लहलहाता
एक समूचा संसार
राख में
बदल गया है–
जहाँ अब आदमी नहीं
राख के घरों में

राख के पुतले रहते हैं,
जहाँ राख की फसलें
खेतों पर उग रही हैं
राख की नदियाँ
बंजर खेतों को
सींच रही हैं
राख की रस्सियों के
से पुल बनाए जा रहे हैं।

❑

चित्र

मैंने
कोरे कागज में
रंग-बिरंगी रेखाओं से
अनेक सूरज उगाए
चाँद-सितारों को
नाना रूपों में, रंगों में
चित्रित किया।
एक अल्हड़ नदी,
एक महावृक्ष
एक नीला सागर
नीला आकाश
और एक फूल
उगाया।
बीच में
एक प्रतिमा भी
गढ़ी–
कहीं कोई कोना
रीता नहीं रखा,
कहीं कोई रंग
फीका नहीं
जितने भी रंगों की
सृष्टि मैं कर सकता था
की
हर रेखा को,
हर आकार को अपने रक्त

से सींच-सींच कर
जीवन्त बनाया
अपने प्राणों की आहुति देकर
उसमें प्राण प्रतिष्ठापित
किया

तुम्हारी आकृति में भी
अनेक भाव आने लगे
रेखाओं और रंगों से
घिरी तुम
सचमुच हिलने-डुलने
चलने-फिरने
बोलने लगी-
तुम्हारी गरम-गरम साँसों का स्पन्दन
मैं अँगुलियों से
छू-छू कर अनुभव
करने लगा।
मुझे लगा
मेरी सृष्टि पूरी हुई
मैं आह्लादित हो उठा
नन्हे बच्चे की तरह
चहकता हुआ
तुम्हारी आँखों में
अपना प्रतिबिम्ब
खोजने लगा
मुझे लगा
जिस संसार की खोज में
मैं जन्म जन्मों से
भटक रहा था,

वह मेरा अनोखा संसार
मुझे मिल गया है
मेरी रीती हथेली में
आकाश पुष्प खिल उठा है,
पर यह क्या?
चित्र के ये टुकड़े! टुकड़े-टुकड़े?
हवा में उड़ते
बिखरते
तड़पती चिड़िया के
टूटे पंखों की तरह।
लहू की एक धार-सी
चित्र से निकल कर,
धधकते लावे की तरह
धरती पर
बिखर जाती है–
आग की लकीर की
तरह!
अब जब भी कभी
चित्र गढ़ता हूँ
तो वही धधकती
लकीर कहीं
मेरे सीने पर खिंच आती है!
मेरी बुझी आँखों पर
लाल डोरे की तरह!
उसमें बहती नदी का
कल-कल स्वर मुझे
साफ सुनाई देता,
हवा का झौंका मुझे
छू कर निकल जाता।

❑

धधकते सूरज के पंख : और कुछ उगने से पहले

अपनी बूढ़ी हथेली पर,
जब-जब मैं फूल उगाता हूँ,
जब-जब मैं अपने मैमने-से
मासूम बच्चों के लिए–
तिनकों के नन्हे-नन्हे घर रचाता हूँ–
तब-तब आग की आँधी की तरह
बढ़कर,
गरम लहू से सने–तुम्हारे,
इस्पात के आततायी पाँव,
उन्हें मसल ही नहीं देते–
बल्कि वहाँ पर,
बारूद की एक विषैली खाई भी बना देते हैं।
धूल उड़ा देते हैं–
एक कब्रगाह बना कर।
जहाँ हर रोज कफन में लिपटी–
एक नई लाश दिखलाई देती है
उस 'गुनहगार' आदमी की लाश–
जिसने जिन्दगी भर,
कभी कोई गुनाह नहीं किया।
केवल, अपनी छोटी-सी धरती पर,
केवल किसी तरह, अपने छोटे से पाँवों के सहारे खड़े होकर,
जिसने तुम से जीने का–
नहीं! नहीं!!

मात्र सांस लेने भर का अधिकार माँगा था।
क्यों कि, तुम उसकी नस्ल के थे।
क्यों कि, तुम उससे बड़े थे।
क्यों कि, तुम (कहलाने भर की ही सही) उससे कुछ
अधिक सभ्य थे।
फिर क्या हक था तुम्हें?–
ऐथेन्स के बाजारों में,
पशुओं की तरह, उन्हें सरेआम बेचने का?
क्या हक था तुम्हें?–
उन्हें पशुओं के बदले
मिसिसीपी के मैदानों में–
हल के साथ, भरी दोपहरी में जोतने का?
सदियों तक अर्द्ध दास बना कर–
मनुष्यत्व के नाम पर, उन्हें रौंधने का?
मान लिया तुम महान हो,
टैंकों से दुनियाँ को रौंध सकते हो।
क्षणभर में पूरे एक देश का अस्तित्व मिटा सकते हो!
पूरे एशिया को वियतनाम बना सकते हो!
पूरा अफ्रीका रोडेशिया में बदल सकते हो!
चेकोस्लोवाकिया की तरह, सारे यूरोप की ही आबादी छीन
सकते हो!
पर, यह न भूलो कि–
कुचले हुए साँप की अपेक्षा,
कुचले हुए आदमी का दर्प–
अधिक प्रखर होता है
यह न भूलो कि–
समय की रस्सी सदैव आगे बढ़ती है।
और मुड़कर फिर-फिर डंक मारती है!

और तब–
नाजीवाद अधिक दिनों तक नहीं टिक पाता!
चंगेज खाँ अधिक दिनों तक जीवित नहीं रह सकता!
इसीलिए तो कहता हूँ–
कि अब आग इतनी न बिखेरो
धुआँ इतना न फैलाओ
कि तुम्हें खुद तुम्हारा ही चेहरा न
दिखलाई दे!
और तुम अपनी दिशा ही भूल जाओ–
भटक जाओ, उन बीहड़ वनों में–
जहाँ तुमने मुर्दों के बाजार लगाए हैं!
जहाँ तुमने बारूद की फसलें उगाई हैं!
हरे–भरे धान के लहलहाते खेतों पर–
जिन्दा आदमियों के–
ताबूत बिछाए हैं!!!

❑

शाम : कुवैत
हवाई-अड्डे में : दो चित्र

(चित्र : एक)

शहर से दूर
चमचमाता / जागता / ऊँघता
शहर
शोर ही शोर
आदमी बदहवास-सा
अपने को ढूँढ रहा है।
वर्ष भर इस रेतीले तपते भाड़ में
अपने को भून कर,
अब अपने देश
लौटने वाले, श्रमिकों की भीड़!
फटे हाल धूमिल
जिन्दगी में
पैसों की गहरी चमक
थके-थके हुए चेहरों पर
साफ झलक रही है।
कपड़े ऐसे ही हैं
ढीले-ढाले।
नए कद से कुछ लम्बे
पर बगल में
धागे से बँधी गठरियाँ
अपने वजूद से बड़ी
लग रही हैं–
इनमें बच्चों के लिए

कपड़े हैं–
पत्नी के लिए
नाइलोनी रंग-बिरंगी चमकदार साड़ियाँ
खुले बाजारों में
थोक के भाव बिकते
रंगीन कम्बल!
ये कर्मठ
ये धनहीन
देश-देश भटक कर,
हड्डी तोड़ मेहनत कर,
अपने गरीब देश को
बूंद-बूंद से सींचकर
समृद्ध कर रहे हैं–

(चित्र : दो)

वर्ष भर
यहाँ के रेतीले तपते भाड़ में
अपने को तपा कर
अब अपने देश लौटने के लिए
उतावली है भीड़!
इनके थके चेहरों पर
धूप-छाँह की तरह
एक धूमिल-सी चमक है
अपनी हड्डियाँ गलाकर
कुछ अर्जित कर ले जाने की।
एक घरौंदा बनाने की,
बिटिया के ब्याह करने की,
पत्नी की सूनी सूखी कलाइयों में
एक पीली, पतली चमकीली चूड़ी बनाने की।

❑

अहसास होगा

अहसास होगा
कल सुबह जब तुम जाओगी, तो
तुम तुम नहीं, कुछ और होगी।
कभी यहाँ
कभी वहाँ
अपने को खोजोगी
वे सड़कें जो अब तक
तुम्हारे लिए केवल सड़कें थीं
जिन पर मात्र चलने के लिए
तुम चलती थीं,
आज वे तुम्हें वैसी
नहीं लगेंगी!
उन पर चलना तुम्हें,
चलना नहीं,
अपने को एक बार
फिर जीना लगेगा।
तुम गुजरोगी उन घाटियों से,
जिन पर पड़े विशाल पत्थर
अब पत्थर नहीं,
तुम्हारी स्मृति के शिलापट पर
कहीं छैनी से
अंकित शिलालेख
बन आए होंगे।
तो तुम्हें
कैसा-कैसा लगेगा?

लगेगा,
एक ही रात में
कितने अंकुर उग आए हैं,
रीती धरती पर
कितने इंद्रधनुष हैं,
खोई–खोई
उदास आंखों में!
उस भीड़ में
तुम चौंक–चौंक कर
जाने या अनजाने जो खोजोगी–
वह तुम्हारी अपनी ही देह की,
अपनी ही प्रतिछाया होगी!
अपने को खोजने का सुख,
अपने को खोजने का दुःख,
कितना–कितना भारी होता है–
तुम्हें पहली बार
अहसास होगा।
उस दर्द में घुलते
आल्हाद का
पानी में डूबी आग का!
आग में धधकती
बर्फ का,
बर्फ का बहता
लावा
कितना भयावह होता है,
पहली बार
अहसास होगा!

❑

और तुम

तुम!
इतना न करो जुल्म
कि अपना ही चेहरा तुम्हें
घिनौना लगे
और उसे ही
देख न पाओ–दर्पण में!
कि आने वाले कल की
पीढ़ियाँ,
तुम्हें देखकर
न कह सकें कभी
कि
मानव–भक्षी
ऐसे भी होते थे।
भूखे भेड़िये गली–कूँचों में
खुलेआम
ऐसे भी घूमते थे।

इस भरी दोपहरी में
रात लाने के लिए
किसने कहा था तुम से?
किसने कहा था
इन बेगुनाहों को
गुनाहों की बाढ़ में
आकण्ठ डुबोकर
चैन की नींद

सोने के लिए?
जब जल रहे होते हैं, शव
तुम उत्सव मनाते हो!
लोग जब सिसक-सिसककर
बिलख रहे होते हैं,
तुम अट्ठाहस करते हो!
इतना न हँसो
न हँसो इतना
कि
आने वाला जालिम समय
तुम पर हँसे
तुम्हारे नाम / काम पर हँसे
और तुम
इतिहास के उजले पृष्ठ पर
कलंक के मात्र
काले धब्बे बनकर रह जाओ।
सदा
सदा के लिए!
❑

बौनों का महाभारत

मच रहा है
महाभारत
बौनों का
कुछ बौने इधर हैं,
कुछ उधर
काठ की नंगी तलवारें लिए
ललकार रहे हैं
फुँफकार रहे हैं–
क्रुद्ध साँपों की तरह,
कि
उन्हें चिन्ता है
देश की
देश के भविष्य की / भविष्य के देश की
इसीलिए धुल रहे हैं
कलंक के कीचड़ से,
घुल रहे हैं
आम आदमी की व्यथाओं से

सीधे–सादे
सरल भेष में
ये लुटेरे,
देश के रंगमंच पर
फिर एक नया नाटक
रच रहे हैं आज
पर

तय नहीं कर पाए हैं अभी
कि किसके जीतने
किसके हारने की
बारी है इस बार!
किस को मिलेगा
इस बार
जी भरकर
लूटने का संवैधानिक अधिकार।

लुटेरे अब सरहद पार कर के
नहीं आते
रक्त-बीज की तरह
यहीं
पलते-पनपते
हैं।
इन्होंने ही
ले लिया है एकाधिकार
हत्या का
लूट का
हिंसा / बलात्कार का

कैसा दुर्भाग्य है यह
अपने ही रक्त में
डूबा देश
कराह रहा है
कालिख के कीचड़
में धंसा / पथराई आँखों से
उगने से पहले ही
अपना सौभाग्य सूर्य डूबता
देख रहा है।

❑

जलते हुए पक्षी के लिए

अग्निसंभव!
इतना न जलो
इतना न चलो
उस दिशा में
न ढलो–
जहाँ सूरज नहीं
अन्धकार उगता है।
तुम्हारी देह की धधकती आग से
देखो
एक आकाश जल उठा है
लाल तांबई बादल–
झुक–झुककर
सोए सागर की छाती पर
हरी आग की फसल उगा रहे हैं।
इस धरती से दूर,
इतनी दूर उड़ो अग्निसंभव
कि आँख से ओझल हो जाओ!
कि पृथ्वी को अन्धकार निगल ले,
कि सत्य का अस्तित्व
असत्य में बदल कर
विलीन हो जाए!
अभी दुनिया को जीना है
अग्निसंभव!
अभी जन्म अधूरा है
स्वप्न अधूरे हैं

प्रसव की पीड़ा से कराहती
कुवाँरी धरती को
मुक्त होने दो
कि ईसा और जन्म ले सकें!
बुद्ध कांगो के वनों में
दुखियों की कुछ और सेवा कर सकें
गाँधी अफ्रीका में पैदा होकर–
एक बार फिर
अपनी आहुति दे सकें!
रक्त की प्यास
रक्त से बुझने दो!
पर उन अज्ञात अनाम शिशुओं को
उगता हुआ सूर्य देखने दो–
जो वियतनाम में बारूद की आग से
झुलस कर
अन्धे हो गए हैं।
आँधी के उन अनाथ अभिशप्त बालकों को
जो तिब्बत के नर–मेध में
अपना भविष्य समाप्त कर चुके हैं
जिनके लिए–अपना घर
अपने हरे–भरे चरागाह, अपनी बर्फीली वादियाँ
जो अपने लिए ही
स्वप्न बन चुकी हैं।
दार्जिलिंग, दिल्ली और जिनेवा के
बाजारों में आज भी सरेआम भीख माँगते हुए–
किसी आततायी को 'दुआएँ' दे रहे हैं।
अंगोला की आग में–
छटपटाते नन्हे–नन्हे बच्चे–

संगीनों से बिंधे
अपने ही रक्त में
गले-गले तक डूबे
सूखे तिनकों का सहारा खोज रहे हैं,
किसी हृदयहीन तानाशाह के
बमवर्षक जहाजों की चिंहाड़ से डरे–
पख्तून बच्चे
फटे चीथड़े पहने–
बर्फ से लदी चट्टानों की खोह में
मैमने की तरह दुबके
दम साधे बैठे हैं।
प्राग की सूनी सड़कों पर–
लहू बिखर रहा है,
टैंकों की आवाज में दबकर
किसी का मौन रुदन
छिनती हुई स्वाधीनता के लिए
छटपटाता हुआ
दम तोड़ रहा है।...
देखो–
स्वेज पर
अब नावें नहीं लाशें तैरती हैं।
मीकांग का डेल्टा
पीले पिग्मियों के सफेद लहू से
रंगा है!
वोल्गा के पवित्र जल पर–
जहर का उबाल आया है!
भला सोचो तो–
किसने गंगा के कछारों में

विनाश का कांश उगाया है
किसने मिसिसीपी के तट को
बेगुनाह गुलामों का कब्रगाह
बनाया है।
उन्हें भी तो जीने दो अग्निसंभव–
जो बेजुबान हैं
जो बेसहारा हैं!
मृत्यु की माँग अब
यों न भरो।
इन आततायियों से
अब तो मुक्त होने दो
यह अंधेरी रात
अब तो ढलने दो
अग्निसंभव!
अब तो जीने दो!!!

❑

मरासिम

The Relationship of Love

(कविता-संग्रह)

मरासिम

The Relationship of Love

प्रमिला सिंह

हिन्द युग्म
hindyugm.com

ISBN : 978-93-84419-39-4

प्रकाशक :
हिन्द-युग्म
1, जिया सराय, हौज खास, नई दिल्ली-110016
मो.- 9873734046, 9968755908

मुद्रक : रेप्रो नॉलेज कास्ट लिमिटेड, ठाणे
कला-निर्देशन : विजेंद्र एस विज

पहला संस्करण : 2016

Marasim : The Relationship of Love
(A collection of poems by *Pramila Singh*)

Published By
HindYugm
1, Jia Sarai, Hauz Khas, New Delhi-110016
Mob : 9873734046, 9968755908
Email : sampadak@hindyugm.com
Website : www.hindyugm.com

First Edition : 2016

माँ पापा
को सादर समर्पित

आज चाँद को पाने की ज़िद कर बैठे,
हम दिल लगाने की ज़िद कर बैठे
ये ख़ता है या अब हक़ है हमारा
हम हथेली पे लकीर बनाने ज़िद कर बैठे।

(मरासिम)

मरासिम

मरासिम का अर्थ होता है प्रेम सम्बन्ध। प्रेम एक ऐसा विषय है जिस पर जितना लिखा जाये कम है। मैंने भी प्रेम पर अपनी एक परिभाषा लिखी है जो कुछ इस तरह है– ''प्रेम वह है जो आपको नींद से जगा दे।'' किसी ने कहा है कि ''प्रेम तब पूर्ण होता है जब उसे प्रदर्शन का माध्यम बनाया जाये।'' मरासिम में पड़ने की ख़ातिर इंसान न जाने क्यूँ हर बार तत्पर हो जाता है जो ज़िंदगी को एक अर्थ और दिशा दे जाता है। मरासिम स्नेह है, इश्क़ है। हर वो रिश्ता है जहाँ प्रेम है।

अपनी बात

इस पुस्तक की प्रकाशित करने पर अपार हर्ष हो रहा है। जो माँ–पापा के स्नेह और आशीर्वाद से संभव हो सका है जिनसे जीवन की राह में मुझे अथक परिश्रम करते रहने की प्रेरणा मिली है। मेरे बड़े भाई प्रमोद कुमार सिंह, अनुज संतोष कुमार सिंह एवं बहन उर्मिला सिंह ने अपने अमूल्य सुझाव व सतत् सहयोग के साथ-साथ, जो हमेशा पर मुझे नैतिक बल प्रदान करते रहे हैं, जिसके लिए मैं हृदय से सदा आभारी रहूँगी। मैं अपने अभिन्न मित्रों श्री हुमायूँ कुमार साहू, उमा गुप्ता एवं सरोज यादव को आभार व्यक्त किये बिना नहीं रह सकती जिनके सान्निध्य में मेरे जीवन के विविध पड़ाव पर अनमोल पल गुजरे हैं जिनकी घनिष्ट मित्रता से मुझे मानसिक संबल मिला है और जिनके साथ मेरी सदा निजता रही है और जो सदैव मुझे सहयोगा व प्रेरणा प्रदान करते रहे हैं।

यह मेरा पहला प्रयास है, त्रुटियों का होना अवश्यसंभावी है। परंतु मेरा विश्वास है कि यह प्रयास आपके हृदय को छूने में कामयाब होगा। आप मेरे इस कविता–संकलन द्वारा जीवन में प्रेम–संबंधों के विविध भावों के साथ आत्मसात कर पाएँगे, यही मेरी इच्छा है।

प्रमिला सिंह

कविता-क्रम

मरासिम[1]

अब किससे-किससे मरासिम बढ़ायें, हम दोस्तो
अब कौन-सा ज़ख़्म खायें और सोग[2] मनायें, हम दोस्तो

मुझे मालूम है कि इस महफ़िल की रौनक़ हमसे है मगर
ये मुम्किन[3] है कि महफ़िल में तन्हा नज़र आयें, हम दोस्तो

जिसके सिज़दे[4] किये, वो खो गया किसी और की रानाई[5] में
बेख़ुद हैं उसी के तसव्वुर[6] में, कैसे कहीं और खो जायें हम, दोस्तो

मेरे दुश्मने जाँ[7] थे, उन्हें मेरे हाल पे कभी तरस ना आया दोस्तो
उन्हीं के मुतंज़िर[8] हैं और ख़ुद को अपना ग़म सुनायें, हम दोस्तो

आज वही अजनबी हैं, जिनकी क़ुर्बत[9] की हमने तमन्ना की थी
किस तरह उन्हें याद दिलायें और उन्हें अपना बनायें, हम दोस्तो

हम कमसुख़न[10] थे ये तो सच था, मगर वो फ़ितरत[11] थी हमारी
किस तरह ख़ामोशी तोड़ें, उन्हें अपना यक़ीं दिलायें, हम दोस्तो

इस मरासिम की ख़ातिर, हमने कितने ख़्वाब सँजोये थे मगर
अब कोई आरज़ू ही नहीं, ये न हो टूट जायें, अब हम दोस्तो

ये ज़िंदगी, अब मुझे मेरी अहदे-वफ़ा[12] की याद दिलाती है
मरासिम की ख़ातिर, ज़िंदगी से ना गुज़र जायें, हम दोस्तो

1. प्रेम संबंध 2. शोक 3. संभव 4. उपासना 5. सुंदरता 6. कल्पना 7. अत्यधिक 8. प्रतीक्षारत 9. सामीप्य 10. कम बोलने वाला 11. आदत 12. वफ़ा का प्रण

शायद[1]

मिरी उम्मीद[2] पे, कहीं कोई बिजली गिरी है शायद
कोई मेरे इंतज़ार[3] में, आज भी हो शायद

हम किसी के थे रहगुज़र[4], कोई मेरा था हमसफ़र
कोई मेरे जुस्तजू[5] में, आज भी हो शायद

हम कमसुख़न[6] थे, रफ़्ता-रफ़्ता[7] कुछ दूरियाँ हुईं
कोई मेरी गुफ़्तगू[8] में कहीं, आज भी हो शायद

हम दूर हुए थे कभी, कुछ मजबूरियाँ थी
कोई मेरे भरम[9] में कहीं, आज भी हो शायद

वो वक़्त[10] का ज़ख़्म[11] था, जो न भर सका कभी
कोई मेरे एतबार[12] में कही, आज भी हो शायद

1. संभव है 2. आशा 3. प्रतीक्षारत 4. राह के साथी 5.खोज, तलाश 6. कम बोलने वाले 7. धीरे-धीरे 8. बातचीत 9. भ्रम 10. समय 11. चोट, घाव 12. विश्वास

तुम

हमको रुख़सत[1] करके आँखों को अश्कों[2] को भिगोते हो
क्या ख़बर[3] थी कि हमसे जुदा[4] हो के तुम भी रोते हो

अपने अश्कों को औरों से, तुम भी छुपाते हो
क्या ख़बर थी कि ज़िक्र[5] करके मेरा, ख़ुश तुम होते हो

मेरी तन्हाई[6] का अहसास तुम्हें है, ऐ मेरे रफ़ीक़[7]
क्या ख़बर थी कि तन्हाइयों में मेरे साथ, तुम भी होते हो

हम ना करते बयाँ उल्फ़त[8] में, ग़मों[10] का सिलसिला
क्या ख़बर थी कि मेरे ग़मों से परेशाँ, तुम भी होते हो

तेरे पास आने का तुमसे ज़िक्र भर जो हमने किया
क्या ख़बर थी कि राह में मुतंज़िर[11], तुम भी होते हो

हमको रुख़सत करके आँखों को अश्कों से भिगोते हो
क्या ख़बर थी कि हमसे जुदा हो के तुम भी रोते हो

1. विदाई 2. आँसू 3.जानकारी 4. अलग 5. बातचीत 6. अकेलापन 7. प्रिय, 8. प्रेम 9. दुःख 10. परेशान 11. प्रतीक्षारत

किसी की ख़्वाहिशों का

किसी की ख़्वाहिशों का जनाज़ा[2] निकला जा रहा है
और तू है कि ख़ुशियों के नग़में[3] गाये जा रहा है

दिल से जुदा[4] होने वाले मेरे ग़म[5] पे मुस्कराये जा रहा है
वीरानों में लेकर सिसकियाँ कोई आँसू बहाये जा रहा है

किसी अपने को कोई ग़ैर बनाये जा रहा है
और कोई ग़ैरों को दिल से लगाये जा रहा है

किसी को कोई बेइंतहाँ[6] याद आये जा रहा है
और वो है कि उसी को भुलाये जा रहा है

ये क्या कि तुझसे दूर तेरा रफ़ीक़[7] जा रहा है
और तू है कि ख़ामोश सदाओं[8] से बुलाये जा रहा है

अपने ग़मों को लेकर सुनाने जो तेरे दर[9] पर आये
और तू है कि अपनी ही ख़्वाहिशें सुनाये जा रहा है

किसी की चाहतों से कोई महरूम[10] हुये जा रहा है
और ख़ुद[11] का कोई अँधेरों में शोक मनाये जा रहा है

किसी की ख़्वाहिशों का जनाज़ा निकला जा रहा है
और तू है कि हमको भुला के ख़ुद याद आये जा रहा है

1. इच्छाओं 2. अर्थी 3. गीत 4. अलग 5. दु:ख 6. जिसकी सीमा न हो 7. प्रिय 8. आवाज़ 9. दरवाज़ा 10. वंचित 11. स्वयं

मुसाफ़िर

कितनी दूर चला है मुसाफ़िर बहुत दूर है सफ़र
मालूम नहीं मंज़िल[2] कहाँ कुछ देर तो ठहर

सोच ज़रा तू भी कभी क्या कोई तेरा था हमसफ़र[3]
उसने क्यूँ छोड़ तुझे कहीं वो गया था ठहर

तुझे राह[4] पे है बढ़ते जाना ख़ुद को देख इक नज़र
तू आबला पा[5] हुआ मुसाफ़िर कुछ देर तो ठहर

बहुत थक चुका है अब लड़खड़ाते हैं क़दम
कभी इस कूचे[6] में था तेरा घर कुछ देर तो ठहर

ऐ मुसाफ़िर, तू भी कभी किसी मोड़ पर शायद
अपनी राह ढूँढ़ता है, तू ज़रा ग़ौर[7] तो कर

तुझे जहाँ जाना है वो अभी दूर है शहर
ऐ मुसाफ़िर, तू ज़रा कुछ देर तो ठहर

1. राहगीर 2. आख़िरी पड़ाव 3. साथी 4. रास्ता 5. पैरों में छाले पड़ना 6. गली 7. ध्यान

क़ुर्बत[1] में वो हमारी

क़ुर्बत में वो हमारी आज आये, तो उन्हें बहुत रुलाया हमने
वो तरसते रहे मगर फिर भी आज, उन्हें ना मनाया हमने

क़सूरवार[2] गर हम थे तो, वो भी तो बेक़सूर[3] ना थे
क्या हुआ मुद्दत[4] बाद जो, उनके दिल को जलाया हमने

मुहब्बत हम अपनी भूल जायें, ये तो कभी ना चाहा हमने
उनके जफ़ा[5] का ही दर्द था, जो वफ़ा अब ना निभाया हमने

ये ज़ुल्म[6] जो हमने किया, वो भी तो सितमगर[7] कम ना थे
क्या हुआ आज जो, अब उनपे सितम[8] ढाया हमने

शिकवा[9] क्या करते, ये ज़ख़्म[10] किसी को ना बताया हमने
वो क्यूँ परेशाँ[11] मुझसे हुए, उन्हें तो कभी ना सताया हमने

उम्रभर मुझे हरक़दम, वो आज़माते[13] रहे
क्या हुआ आज जो मुद्दत बाद, उन्हें आज़माया हमने

1. सामीप्य 2. दोषी 3. निर्दोष 4. अवधि 5. अत्याचार 6. निष्ठा 7. अत्याचारी
8. अत्याचार 9. शिकायत 10. घाव 11. परेशान 12. जीवनभर 13. परखना

अब वफ़ा ज़माने में नहीं है

अब वफ़ा ज़माने में नहीं है
सकूँ अब दिल लगाने में नहीं है

धोखा देना तो इंसान की फ़ितरत है
धोखा खाना वफ़ापरस्तों की क़िस्मत है

आज गर कोई अपना नहीं है
इंसान भी अब अपना कहाँ है

वह भी तो सिर्फ़ दूसरों का है
उसे मालूम नहीं, वो भी उसके अपने नहीं हैं

1. दुनिया 2. चैन 3. आराम 4. वचन पालन करने वाला 5. अगर

तुम हमसे जुदा[1] क्या हुए

तुम हमसे जुदा क्या हुए, बढ़ने लगीं तन्हाइयाँ
ज़िंदगी हो गयी बेरंग[2] अपनी, होने लगीं रुसवाइयाँ[3]

रात के पहले जाने क्या हुआ, हरसू[4] अँधेरा हुआ
आँखों में तेरा ही अक्स[5] था, कम होने लगी रोशनाइयाँ

बेवफ़ाई का ग़म[6] कम ना हुआ, बढ़ती रहीं तेरी जफ़ाइयाँ[7]
जुदाई का दर्द कम ना हुआ, बढ़ती रहीं तेरी जुदाइयाँ

काश! कि मुझे याद ना आये, वो मेरी चाहतों के पल
काश! कि भूल जाऊँ मैं, अपनी भी वो वफ़ाइयाँ

मुक़द्दर[8] का फ़ैसला[9] यही, कम होने लगी गहराइयाँ,
तुमसे बढ़ते रहे फ़ासले[10], मुझे रास ना आईं आश्नाइयाँ

तुमसे ही थी ख़ुशी अपनी, अब है फ़क़त[11] उदासियाँ
गुम[12] हो गयी ज़िंदगी कहीं, खो गयी मेरी परछाइयाँ

1. अलग 2. अकेलापन 3. बदनामियाँ 4. चारों ओर 5. चित्र 6. दुःख 7. अत्याचार 8. भाग्य 9. निर्णय 10. दूरियाँ 11. सिर्फ़, केवल 12. खोना

ये ज़िंदगी मुझसे

ये ज़िंदगी, मुझसे बेरुख़[1] क्यूँ नज़र आती है
तन्हाइयों[2] में गुज़रती शाम, फिर हिज्र रात[3] क्यूँ आती है

वो कौन है, जो छुपके मेरी तरह तन्हा[4] नज़र आता है
तुमसे हो गये जुदा[5] हम, अब तेरी याद बहुत आती है

ये वक़्त का सूनापन, उदासी और फ़क़त[6] तेरा इंतज़ार
इक आहट जो होती है, तेरे आने की आस[7] बँध जाती है

तेरा अक्स[8] मेरी आँखों में है, ऐसा ना करे ज़माने वाले
कर दें जुदा मुझको, मेरी हर बात चर्चा-ए-आम[9] बन जाती है

तुम्हारे साथ गुज़रे हुये लम्हों को, किस तरह भुलायें हम
जितनी भी की कोशिश[10], वो याद बहुत आते हैं

तुमसे बिछड़ के, अब ये सोचती हूँ
तेरी जुदाई की वज़ह[11] क्या थी, क्या थी, क्या थी?

1.नाराज़गी 2. अकेलापन 3. दु:ख 4. विरह की रात 5. अलग 6. सिर्फ़ 7. आशा
8. चित्र 9. सार्वजनिक चर्चा का विषय 10. प्रयत्न 11. कारण

मैंने कब चाहा कि

मैंने कब चाहा कि तन्हाई[1] में मेरा कोई साथ ना दे
मगर शायद अपनी अब यही क़िस्मत[2] है

मेरी तन्हाई में तुम साथ ना दो मगर
फिर भी तुम्हें चाहेंगे हम

तुम चाहे कितनी भी कोशिश[3] करो भूल जाने की
मगर फिर भी तुम्हें याद आएँगे हम

तुम चाहे कितने भी ज़ख़्म[4] दो हमें मगर
फिर भी तुम्हें चाहेंगे हम

तुम चाहे कितना ही रुसवा[5] करो हमको मगर
फिर भी तुम्हें सराहेंगे हम

तुम चाहे कर दो अपनी ज़िंदगी से रुख़सत[6] मगर
फिर भी तेरे पास आएँगे हम

तुम चाहे कर दो बर्बां[7] हमको मगर
फिर भी तुम्हें चाहेंगे हम

1.अकेलापन 2. भाग्य 3. प्रयत्न 4. घाव 5. बदनाम 6. विदा करना 7. बर्बाद, नष्ट

आईना

क्यूँ काँपता है बदन, क्यूँ है मेरी आँख में चुभन
क्यूँ उठता है कोई धुआँ, क्यूँ है चेहरे पर ये शिकन[1]

क्यूँ लरजते[2] हैं होंठ मेरे, क्यूँ मेरा टूटता है बदन
तू ही बता आईना[3], तू तो आईना है

क्यूँ मिलती है शिकस्त[4], क्यूँ है अश्कों में जलन
क्यूँ है गेसू[5] बिखरे हुये, क्यूँ है, आँखों में थकन

क्यूँ है जिगर[6] चाक[7] हुआ, क्यूँ मिलता है ज़ख़्म[8]
तू ही बता आईना, तू तो आईना है

क्यूँ शाख़[9] से कली बिछड़ी, क्यूँ उजड़ा है चमन
क्यूँ कोई अहबाब[10] बना, क्यूँ बिछड़ा है सनम

मौत पर करना था यक़ीं[11] तो, क्यूँ मिलता है जनम
तू ही बता आईना, तू तो आईना है

1. सिकुड़न 2. काँपना 3. दर्पण 4. पराजय 5. बाल 6. हृदय 7. फटा हुआ 8. चोट 9. टहनी 10. प्रिय 11. विश्वास

ख़्वाहिश मुहब्बत से, जफ़ा तक की

कम-से-कम इतनी बातें कर लो, हमसे तुम
राज़े दिल अपना तुमको, सुना सकें हम

रात अँधेरी ग़म की, वज्हें तन्हाई[1] तुमको
अपने दिल का बयाँ तुमको, सुना सकें हम

कम-से-कम इतने पास आ जाओ मेरे तुम
रफ़्ता-रफ़्ता[2] ही सही तुम्हारे भी क़रीब जा सकें हम

कम-से-कम कम इतनी हमसे ख़्वाहिश[3] कर लो तुम
तुमको गले लगा सकें हम कम-से-कम

कम-से-कम कम इतनी मेरी शिकायत कर दो तुम
अपना भी शिकवा[4] भी तुमको सुना सकें हम

कम-से-कम इतने ख़ामोश ना रहो तुम
तुमको कोई लफ़्ज़ भी ना सुना सकें हम

कम-से-कम इतने दूर हमसे जाओ तुम
इस जहाँ को अपने मुहब्बत का फ़साना[7] सुना सकें हम

कम-से-कम इतना हमको अपना बना लो तुम
तेरे ग़ैरों[8] में ही समाँ सकें हम, कम-से-कम

1. अकेलेपन का कारण 2. धीरे-धीरे 3. इच्छा 4. शिकायत 5. शब्द 6. दुनिया 7. कहानी 8. दूसरों

ग़म भी तो ना मिला मुझे

ग़म भी तो ना मिला मुझे, ख़ुशी भी तो नहीं
साज भी तो ना बजा कोई, ख़ामोशी भी तो नहीं

हम तुमसे दूर ही कब थे, ये तो सच था लेकिन
न आये मेरे मुंतज़िर[1] पे, ये तेरी बेबसी भी तो नहीं

हम तुमसे जुदा[2] कब थे मगर, हाल ये अपना है
न क़रार पाया हमने फिर भी, ये बेकली[3] तो नहीं

न आया होश हमें, इसका अहसास तो है
दिल ये कहता है हमसे, ये बेख़ुदी[4] भी तो नहीं

शब[5] है अँधेरी, तसव्वुर[6] में तुम ही हो मेरे
ख़बर है मुझको, फिर भी अँधेरी मेरी ज़िंदगी तो नहीं

अगर तुम आ जाते तो क्या बिगड़ जाता तुम्हारा
तुम बिन मेरी ये ज़िंदगी, ज़िंदगी भी तो नहीं

1. प्रतीक्षारत 2. अलग 3. व्याकुलता 4. बेहोशी 5. रात 6. ख़्याल

ज़िंदगी

ज़िंदगी कह दो, मोहलत नहीं
अलविदा[1] दे दो, दौलत नहीं

ज़िंदगी कह दो, मोहलत[2] नहीं
रुसवाई[3] दे दो, शोहरत नहीं

ज़िंदगी कह दो, मोहलत नहीं
क़ब्र दे दो, जीने की मोहलत नहीं

ज़िंदगी कह दो, मोहलत नहीं
शबे हिज्र[5] दे दो, सहर-ए-क़ुर्बत[6] नहीं

1. विदाई 2. समय 3. बदनामी 4. दु:ख की रात
5. दु:ख की रात 6. सामीप्य

देखा आज चाँद को तो

देखा आज चाँद को तो, वो रात याद आई
मेरे हबीब[1], तेरा वो साथ याद आया

चाँद ख़ुश था, तारे भी ख़ुश थे, फ़लक[2] था मुस्कराया
आज तो ये भी मुझको, तन्हा नज़र आया

तमन्ना[3] जो की थी मैंने, तुझको इक रहगुज़र[4] की
रो पड़ा हूँ आज तो, जो वो बात याद आई

रौशन किया औरों की ज़िंदगी को क्या मैंने पाया
देख लो आ के मुझे, अँधेरा ही मेरे हाथ आया

ये कौन बयार[5] चली, जिसने उजाड़ा मेरा आशियाना[6]
छत[7] से भी महरूम[8] हूँ अब, कल था इक महल बनाया

हुई सुर्ख़[9] जो आँखें, मेरे लब[10] मुस्करा रहे थे
मुझको ख़बर है, तू भी ना कोई अश्क देख पाया

दे ना सके हम कुछ भी तुमको, मगर इतना बता दो
क्या बच गया मेरा अब हमारा, क्या मेरा रह पाया?

1. प्रिय 2. आसमान, आकाश 3. इच्छा 4. राह के साथी 5. हवा 6. धर
7. दरवाजा 8. वंचित 9. लाल 10. होंठ

हम जो आज तुमसे मिले

हम जो आज तुमसे मिले, तुम फिर वही अन्जाने लगे
जो ज़ख़्म[1] भर चुके थे कभी, वही ज़ख़्म पुराने लगे

आज तुम मिले हो तो, आलम[2] अपना फिर भी वही है
हमने हँसने की जो कोशिश भर की, तुम अश्क बहाने लगे

तज्किरे[3] जहाँ क्या करते, अपनी सुनायें इतना तो वक़्त नहीं
सुना तो हम भी सकते हैं, पर तुम हो कि अपनी सुनाने लगे

तेरे क़रीब आ के गले मिलने की ख़्वाहिश[4] जो हमने की
फिर वही अंदाज़ पुराना है, तुम ग़ैरों[5] को गले लगाने लगे

दिल फिर तन्हा[6] हो गया, तुमसे बिछड़ने का ग़म[7] भी था
ये क्या रोता, मुस्कराने लगे, जब छोड़ हमें तुम जाने लगे

तू नहीं, तेरा तसव्वुर[8] ही था, जो कि मेरी अमानत था
तुम हो कि मेरे ख़्यालों में आ के, मेरा दिल जलाने लगे

तेरे जुदा होने पर, हम फ़क़त आँसू क्या बहाते, रफ़ीक़
तुम ही बहा लेना ये अश्क, जब हम जहाँ से जाने लगें

1. घाव 2. दशा 3. चर्चा 4. इच्छा 5. दूसरों 6. अकेला 7. दु:ख 8. ख्याल 9. धरोहर 10. अलग 11. सिर्फ़ 12. दोस्त, प्रिय

मुहब्बत अगर सच्ची हो तो

मुहब्ब्त अगर सच्ची हो तो, आज़माया[1] नहीं करते
दिन के उजालों में कभी, दिया जलाया नहीं करते

चाहत हो अगर तुम्हें, किसी से जताया नहीं करते
फ़रेब[2] करके उल्फ़त[3] में, किसी को रुलाया नहीं करते

ग़म[4] हो गर किसी को, उसे उल्फ़त में सताया नहीं करते
ख़ुशी ना दे सको तुम अगर, सितम[5] नहीं ढाया करते

तेरे सिवा[6] और भी होगें, उसे चाहने वाले इक तू ही नहीं
तुझे क्या ख़बर नहीं, प्यार का एहसान जताया नहीं करते

चमन के गुल सूखते हैं, काग़ज़ के फूल मुरझाया नहीं करते
प्यार में वफ़ा की क़सम कभी, भूल जाया नहीं करते

सहरा[7] में काँटे ही होते हैं, मोहब्बत में भी कुछ दर्द होगा
मोहब्बत करने वाले कभी, ज़ख़्मों[8] से घबराया नहीं करते

1. परखना 2. धोखा 3. प्रेम 4. दु:ख 5. अत्याचार 6. सिवाय 7. रेगिस्तान 8. चोट

वो आशिक़ था

वो आशिक़ था मगर, मैं उसकी जुस्तजू[1] न थी
तमन्ना[2] उसकी कुछ और थी, मैं उसकी आरज़ू न थी

वो एक शख़्स[3] था, जिसे देखे इक ज़माना गुज़रा
बसा वो मेरी आँखों में ही था, तस्वीर भी रूबरू[4] न थी

ख़ामोशियों की राह पे, मेरी ज़िंदगी यूँ ही चलती गयी
ख़ुद को मिटा सकते तेरी ख़ातिर[5], मेरी चाहत यूँ न थी

सहमे हुये आये थे जो तेरे पास, इक सवाल लेकर
जवाब था तेरा कि, कभी भी चाहत मेरी तू न थी

1. तलाश 2. इच्छा 3. व्यक्ति 4. समक्ष 5. लिए

तुझे सोचना ही अब

तुझे सोचना ही अब, मेरी फ़ितरत[1] में है
किससे कहूँ कि नहीं, तू मेरी क़िस्मत[2] में है

वो पल अब बेगाने[3] लगे, ये ज़ख़्म[4] भी पुराने लगे
किससे करूँ शिकवा[5] मालूम नहीं क्या मेरी उल्फ़त[6] में है

तू दूर मुझसे दो पल भी हुआ, मेरी ज़िंदगी रुक गई
ख़ामोश[7] सदायें हैं तन्हा ज़िंदगी, पर तू नहीं मेरी क़ुर्बत[8] में है

वे जज़्बात[9] भी अब राख बने, जिसमें थे कभी ख़्वाब[10] तेरे
कैसे करूँ आरज़ू[11], मालूम है मुझको, तू नहीं मेरी चाहत में है

अभी तो इक दौर गुज़रा है, ज़िंदगी अभी अधूरी है
किसको है ख़बर[12], कितनी मिटती आरज़ू उसकी मुहब्बत में है

1.स्वभाव 2. भाग्य 3. अन्जाने 4. चोट 5. शिकायत 6. प्रेम 7. मौन 8. सामीप्य 9. भावनायें 10. सपना 11. इच्छा 12. ज्ञात

वो तूफ़ाँ[1] आज भी आया

वो तूफ़ाँ आज भी आया, और मेरा सामाँ[2] बिखर गया
मेरा अरमानों[3] का शामियाना[4], आज उजड़ गया

इक मुद्दत[5] से हम रहे, अपने दर[6] से भी महरूम[7]
फिर मेरे आशियाँ[8] का, वो ख़्वाब बिखर गया

वो इक शख़्स[9], जिसकी आँखों में हम थे कल तक मगर
बहे अश्क जो मिरे पलकों से तो, वो मेरा अक्स भी मिट गया

उनकी क़ुर्बत[10] की जो हमसे, आज उनकी ख़्वाहिश[11] हुई
इक मुद्दत से रहे मुतंज़िर[12], वो वक़्त की मानिंद[13] गुज़र गया

शबे हिज्र[14] की रात हमने, उनके ही याद में गुज़ारी थी मगर
वो अन्जान ना था मेरे गमे तन्हाई[15] से, क्यूँ अजनबी बन गया

उस विराने से ग़ुजरे है तो, वो दरो[16] बाम याद आया है
हर एक पल जो अपना था कभी, वो क्यूँ बेगाना[17] बन गया

ये सूनापन कहीं मुझे इस क़दर ना बर्बाद कर दे
फिर कोई तूफ़ाँ आये और मुझे ज़िंदगी से आज़ाद कर दे।

1. आँधी 2. सामान 3. इच्छा 4. तंबू 5. अवधि 6. दरवाज़े 7. वंचित 8. घर 9. व्यक्ति 10. सामीप्य 11. इच्छा 12. प्रतीक्षारत 13. भाँति 14. दु:ख की रात 15. अकेलेपन का दु:ख 16. दरवाज़ा व छत 17. अनजान 18. मुक्त

तेरे इस शहर में

मुद्दतों[1] बाद मिली हैं नज़रें, अजनबी[2] इस शहर में
और क्या बर्बां[3] होता, सब कुछ तो लुटा तेरे शहर में

फिर कुछ अहसास जगे हैं, कमबख़्त इस जिगर में
फिर ज़ख़्म[4] लगे हैं सिसकने, बेवफ़ा तेरी एक नज़र में

तेरे आने की आहट से, हो जाती थी रौशन ज़िंदगी मेरी
आज मगर तू सामने भी है, तो है अँधेरी ज़िंदगी मेरी

और क्या इस उल्फ़त[5] में, अहदे वफ़ा[6] करते हैं लोग
ज़ख़्म देते हैं अपनों को, और ख़ुश होते हैं लोग

आज मेरी ज़िंदगी में, फिर सें वही तन्हाई है
पास ख़ामोशी है, और अमानत[7] तेरी बेवफ़ाई है

उजड़ा आशियाँ[8] छोड़, बसने आये हैं हम तेरे इस शहर में
फिर वही अफ़साना[9] बनाने चले हैं, हम तेरे इस शहर में

1. अवधि 2. अन्जान 3. बर्बाद, नष्ट 4. चोट 5. प्रेम 6.वफ़ा का प्रण 7. धरोहर 8. घर 9. कहानी

कुछ तो ख़ामोशियाँ हैं

कुछ तो ख़ामोशियाँ हैं, कुछ तन्हाइयाँ भी
कुछ तो बात है तुझमें, कम नहीं होती गहराइयाँ भी

हम दूर हैं तो सोचते हैं, कम होते जो ये फ़ासले[1]
ग़र पास भी आये कभी, चाहा दूर हो परछाइयाँ भी

तुम कभी जो होना तन्हा, पास हमें बुला लेना
याद इतना रखना, कहीं बढ़ जायें ये रुसवाइयाँ[2] भी

कभी तो कर तर्के दोस्ती[3] का ख़्याल, ऐ मेरे रफ़ीक़[4]
हम भी तो देखें, क्या ग़म[5] देती हैं, ये जुदाइयाँ भी

इक चराग जो जलता है, हो इसकी मद्धम रौशनी भी
कभी तो तूफ़ाँ आयेगा, अभी से कम हो ये रोशनाइयाँ भी

मय्यसर[5] नहीं ख़ुशी मुझे, तो ग़म भी कब था?
कुछ तो अश्क बहेंगे, आँखें पुरनम[7] ना हों तो क्या

कुछ तो दर्दे जिगर[7] होगा, कोई ज़ख़्म ना हो तो क्या
तुम जो याद आये कभी, चाहा कि तुझे भूल जायें हम

ख़्याल यही है, याद करे तू कभी, तुझे ना याद आयें हम

1. दूरी 2. बदनामी 3. दोस्ती तोड़ने का ख्याल 4. प्रिय 5. दु:ख 6. प्राप्त
7. भीगी 8. हृदय की व्यथा

तू किस सोच में

तू किस सोच में, किसके इन्तज़ार में[1], खड़ा रह गया
जिसको चाहा तुमने वो तो, किसी और राह बढ़ गया

अपनी चाहत का भरम अब तोड़ दे, ऐ नादान[2] आशिक़
तू दीवाना[3] भी गर हो गया तो, ना आयेगा छोड़ जो चला गया

तू हरसू[4] तलाशता रहेगा, और फ़क़त[5] रोता रह जायेगा
मगर वो न नज़र आयेगा, जो किसी और की नज़र में खो गया

और भी हैं, उससे वफ़ा करने वाले, इक तू ही नहीं
तू ख़ुद को क्या समझता है, वो किसी और का आश्ना[6] हो गया

वो तेरे रूबरू आ के, बेगानों की तरह गुज़र जायेगा
और तू यूँ खड़ा सनम[7] बना, उसे देखता रह जायेगा

किसके ग़म में तू अपनी ज़िंदगी बर्बाद करता है
वो मुस्कराता रहा और तू है कि ग़मों का शुमार[8] करता रह गया

1. प्रतीक्षा 2. अनभिज्ञ 3. पागल 4. चारों ओर 5. सिर्फ़ 6. प्रेमी 7.मूर्ति, प्रतिमा 8. गिनती

दूर बहुत हो गये तुझसे

दूर बहुत हो गये तुझसे, तेरे पास आने की जो कोशिश भर की
हो गये तन्हा ज़िंदगी में, तेरा साथ पाने की जो कोशिश भर की

टूट के बिखर गया, तुझसे दिल लगाने की जो कोशिश भर की
रोये बहुत तन्हाइयों में, जरा मुस्कराने की जो कोशिश भर की

तुझसे मिले जब तो क्या-क्या ख़्वाहिशें हुईं, बताते तुम्हें हम मगर
तुम उठकर जाने लगे, ग़मे दिल सुनाने की जो कोशिश भर की

हरदम हमें आज़माना तो फ़ितरत[1] थी, मेरे रूठने का ग़म न था
क्या बात है रूठ गये तुम, तुझे आज़माने की जो कोशिश भर की

हमें तो तुमने कब का भुला दिया, ये ख़बर[2] थी मुझको
क्यूँ याद आये इतना, हमने तुझे भुलाने की जो कोशिश भर की

तुम जुदा[3] हो चुके थे हमसे, हमको जफ़ा[4] का इल्ज़ाम[5] न दो
क्यूँ अश्क बहाने लगे, तुमसे दूर जाने की जो कोशिश भर की

1. स्वभाव 2. ज्ञात 3. अलग 4. अत्याचार 5. दोष

महफ़िल[1] में तेरी आये तो

महफ़िल में तेरी आये तो, इसकी हमें सज़ा देना तुम
गर हो जाये मुहब्बत किसी से, उसको वफ़ा देना तुम

ज़िक्र[2] करना ना मेरा कहीं, मेरी बात सबसे छुपा देना तुम
ग़र[3] चाहूँ मैं तुझको अब भी, मुझको फिर दग़ा[4] देना तुम

याद मेरी ना आये कभी, ख़त[5] वो मेरे जला देना तुम
चुभने लगे तुझे जो रौशनी तो, चिराग़[6] बुझा देना तुम

उदास हो गर जिसे तुम चाहो, उसको हँसा देना तुम
मैं मिल जाऊँ गुम[7] कहीं तो, मुझको रुला देना तुम

मदहोश मैं हो जाऊँ कभी, मुझको मेरा पता देना तुम
पीना गर चाहूँ जो तुमसे, उसमें ज़हर[8] मिला देना तुम

परस्तिश[9] पूरी हो मेरी, इतनी-सी बस दुआ देना तुम
मर जायें हम गर तो, इक सुर्ख़[10] गुलाब चढ़ा देना तुम

1. सभा 2. चर्चा 3. अगर 4. धोखा 5. पता 6. दीपक 7. खोये हुए 8. विष 9. पूजा 10. लाल

उनकी तरसती आँखों से

उनकी तरसती आँखों से, मुझे दूर तलक[1] देखना देखा ना गया
वो क्या था कि, इस क़दर उनका देखना मुझसे देखा ना गया

बेकल[2] हो रहे थे, अश्क बहने की ख़ातिर, उनमें जज़्बात[3] के
मुझसे उनका इस क़दर बरसना भी, जाने क्यूँ देखा ना गया

मिले थे मुझसे जब तो, शायद उनमें कुछ अश्क चमके थे
उनका इन अश्कों को मुझसे छुपाना, मुझसे देखा ना गया

मेरे मुतंज़िर[4] पर बैठे थे शायद, अब तक उम्मीद लगा के
उनका यूँ मुझसे बेउम्मीद हो जाना, मुझसे देखा ना गया

किस तरह प्यार छलक आया था, उन आँखों से मेरी ख़ातिर[5]
उफ! ये प्यार भी अब, मुझसे गवारा[6] किया ना गया

मेरी क़िस्मत में शायद, यही तन्हा ज़िंदगी का सफ़र है मगर
अब उनका बिछड़कर तन्हा हो जाना, मुझसे देखा ना गया

1. तक 2. व्याकुल 3. भावनाओं 4. प्रतीक्षारत 5. लिए 6. स्वीकार

परछाइयाँ भी हमारी साथ नहीं रहतीं

परछाइयाँ भी हमारी साथ नहीं रहतीं, जब अँधेरा हो
क्या करें हम आरज़ू[1] किसी की, जब ग़म[2] ने घेरा हो

ये चाँद भी अब, अपनी रौशनी से मुझे जला रहा है
तू याद मुझे अब, इस क़दर आ रहा है

ये रौशनी भी अब मुझे लग रही अँधेरा है
इक चिराग़[3] लेकर, तू मेरी तरफ़ आ रहा है

ये रात है कुछ धुली हुई, कुछ बादल भी गरजे हैं
मेरे अश्कों की तरह, ये भी आज बरसे हैं

तू मेरी जुस्तजू[4] ही सही, मगर तलाश अभी अधूरी है
तु मेरे हरसू ही सही, मगर अभी बहुत दूरी है

1. इच्छा 2. दु:ख 3. दीपक 4. खोज 5. चारों ओर

तुम जो कभी मुझको मिलो

तुम जो कभी मुझको मिलो, तो कोई बात हो
हो याद तुम्हारी, ख़्यालों में, तुम मेरे साथ हो

हो रूबरू[1] हमारे तुम, मुस्कराओ तो कोई बात हो
तुम मेरे, हम तेरे और कभी, हम दोनों एक साथ हों

आँखें सूखी हुई हैं, ये भीग जायें तो कोई बात हो
रोने को तेरा पहलू जो, मिल जाये तो कोई बात हो

तेरे दर[2] से गुज़रे जो, तेरा दीद[3] हो जाये तो कोई बात हो
तू दे के सदायें[4] हमको बुलाये, हम न आयें तो कोई बात हो

याद करो जो हो के तन्हा हमको कभी, तो कोई बात हो
अश्क बहाओ कभी याद में मेरी, तो कोई बात हो

इंतहा[5] कर दो तुम इश्क़ में मेरे, तो कोई बात हो
साथ तुम्हारा जो हम निभायें, तो कोई बात हो

हो याद तुम्हारी दिल में सदा, ख़्यालों में तुम मेरे साथ हो

1. समक्ष 2. दरवाज़ा 3. दर्शन 4. आवाज़ 5. अंतिम सीमा

तेरे पहलू में आके

तेरे पहलू में आ के जो, हम रो दिये
ज़ुबाँ न खुली अश्कों ने जाने, क्या-क्या कह दिये

मिरी उम्मीदों[1] का भरम[2], टूट चुका था
पहली बार तुझसे साथ हमारा, छूट चुका था

पहला अहसास था हमने, तुझको छुआ था
कुछ भी न कह सके, जाने हमें क्या हुआ था

काँधे पे सर तेरे रख के जो, हम रो दिये
मिरी धड़कनों ने जाने तुमसे, क्या-क्या कह दिया

तुमसे मिलकर भी हम तो, कभी मिल ना सके
मिलके भी हम तुमसे, अब बिछड़ गये

तेरा यूँ बिछड़कर मुझसे, जो रोना था
मिरे रफ़ीक़[3], मरासिम[4] नहीं तो वो क्या था, क्या था?

1. आशाओं 2. भ्रम 3. दोस्त 4. प्रेम व्यवहार

इश्क़ में वो मुझे

इश्क़ में वो मुझे चाहे, या यूँ ही मुझे छोड़ दें
हम तो दीवाने हो चुके हैं, उनकी चाहत के

दिल मेरा क़बूल करें वो, या उसे तोड़ दें
हम तो होकर रहेगें कभी, उनकी मुहब्बत के

मरासिम[1] मुझसे बढ़ायें, या यूँ ही तन्हा छोड़ दें
मेरे रफ़ीक़[2], ये बता आरज़ू[3] को, हम कहाँ छोड़ दें

दिल देकर भी उन्हें हम, रह गये तन्हा होकर के
चराग़[4] भी अब तो बुझ चुके हैं, उनकी आस के

वो देखें इक नज़र, या ज़ख़्म दे चल दें मुझे छोड़ के
पहली मुहब्बत बनके साथ रहेंगे, वो मेरे अहसास के

वो मुझे चाहें या यूँ रुसवा कर, मुझे छोड़ दें
हमसे ना बहाये जा सकेंगे आँसू मिरे जज़्बात[5] के

1. प्रेम संबंध 2. दोस्त 3. इच्छा 4. दिया, दीपक 5. भावनाओं

क्या असर हो रहा

क्या असर हो रहा, जब तू जुदा[1] हुआ
अब तक रहा हमदम मेरा, अब तू ख़ुदा[2] हुआ

हो रही थीं मद्धम[3] धड़कनें, दिल कहे ये क्या हुआ
ख़त्म हो रही थीं मेरी ख़्वाहिशें[4], ना जाने ये क्या हुआ

बंदिशें[5] अपनी ये तोड़कर, सोचती हूँ तुझको पा लूँ
ख़ुद[6] से हार के ख़ामोश[7] बैठी रही, जाने ये क्या हुआ

सब कुछ उड़ा गया तूफ़ाँ मेरा, दिल पूछे ये क्या हुआ
थम गयी अब तो धड़कनें, दिल कहे तू तन्हा[8] हुआ

चाहा था मेरी आँखों ने, तुझसे कुछ कहना मगर
जाने तू क्या समझ रूबरू[9] मेरे, क्यूँ ना खड़ा हुआ

क्या वज्ह[10] है तेरे जाने की, क्या मुझसे कोई ज.फ़ा[11] हुई
क्यूँ ना रुका तू मेरी सदा[12] पे, क्यूँ मुझसे तू ख़.फ़ा[13] हुआ

1. अलग 2. ईश्वर 3. धीमी 4. इच्छायें 5. बंधन 6. स्वयं 7. मौन 8. अकेला 9. समक्ष 10. कारण 11. अत्याचार 12. आवाज़ 13. नाराज़

न आया कभी तुमको दिल लगाना

न आया कभी तुमको दिल लगाना, तुम प्यार कैसे करते
न की कोई बात तुमने, तुम इक़रार[1] कैसे करते

न आया कभी तुमको नज़र उठाना, तुम दीदार[2] कैसे करते
यक़ीं[3] ना हुआ तुमको मुझपर कभी, तुम एतबार[4] कैसे करते

तुम्हें देखे बिना ना मिला मुझको सकूँ[6], हम क़रार कैसे करते
तुम्हें आया कभी ना मुझको मनाना, तुम तकरार[7] कैसे करते

जाना ना कभी भी हाल मेरा, तुम फ़िक्र यार[5] कैसे करते
तुमने समझा कभी ना, मेरे प्यार को, इन्कार कैसे करते

ग़म ही था तेरी ख़ुशी तो, ख़ुशी का तुम इज़हार[8] कैसे करते
तुमको आया कभी ना मुझको रुलाना, तुम प्यार कैसे करते

तुमको मिला ना वो, जिसका इंतज़ार तुम्हें था
अपने ही ग़मों से घिरे थे तुम, मेरा इख़्तियार[9] कैसे करते

मेरे ग़मों का तुम शुमार[10] कैसे करते

1. स्वीकार 2. दर्शन 3. विश्वास 4. विश्वास 5. प्रिय की चिंता 6. चैन 7. विवाद
8. प्रकट 9. अधिकार, वश 10. गिनती

इक भूल थी हमारी जो

इक भूल थी हमारी जो हमने तुमसे प्यार किया
कभी ना आने वाले, क्यूँ तेरा इंतज़ार[1] किया

तुम नहीं मेरे फिर भी हमने, तुमसे प्यार किया
तुम्हीं से खाया धोखा, तुम्हीं पर ऐतबार[2] किया

मेरी इक भूल की इतनी, मुझको सज़ा न दो
कुछ भी कहो हमको मगर, हमसे ख़फ़ा[3] न हो

कैसे भुला दूँ मैं, वो हर एक बात तेरी
हर इक पल रुलाती है, हमें यादें तेरी

दूर तुम जाओ हमसे, मगर मेरे ही रहना
भूल जाना हमें मगर, याद हमें ही करना

1. प्रतीक्षा 2. विश्वास 3. नाराज़।

दर्द का मैं वो

दर्द का मैं, वो दरिया ढूँढ़ती हूँ
रो सकूँ तुम्हारी ख़ातिर[1] मैं, वो ज़रिया[2] ढूँढ़ती हूँ

कभी ग़ैरों[3] में अपनों को, अपनों में ग़ैरों को
कभी ख़ुद में तुझको, तुझमें ख़ुद को ढूँढ़ती हूँ

चलती रही अकेली, ज़िंदगी की राहों में
अब हो के मायूस मैं, कोई हमसफ़र ढूँढ़ती हूँ

तुम हुये जुदा मुझसे, इक ज़माना गुज़रा
फिर मैं वहीं तेरी खोई हुई, नज़र ढूँढ़ती हूँ

नज़र फेर के जाने वाले, तू नज़र आ मुझको
मैं फिर से तेरी उसी, फ़ितरत[4] को ढूँढ़ती हूँ

1. लिए 2. साधन 3. दूसरों 4. आदत

भरोसा[1]

आदमी का क्या भरोसा है
आदमी एक फ़रेब[2] है

मुहब्बत का क्या भरोसा
मुहब्बत एक जफ़ा है

ख़ुशी का क्या भरोसा
ख़ुशी एक दर्द है

तबस्सुम[3] का क्या भरोसा
इसमें भी तो अश्क है

दोस्त का क्या भरोसा
वो तो एक धोखा है

महफ़िल[4] का क्या भरोसा
फिर तन्हाई[5] है

सच का क्या भरोसा
ये तो एक झूठ है

रिश्तों का क्या भरोसा
रिश्ते भी तो तिज़ारत हैं

ख़ुद का क्या भरोसा
ख़ुद की भी तो मौत है

मौत का क्या भरोसा
फिर जीवन है

जीवन की मौत
मौत फिर जीवन

ये चक्र है, ये चक्र है, ये चक्र है।

1. विश्वास 2. धोखा 3. मुस्कराहट 4. सभा 5. अकेलापन 6. व्यापार

तेरे रुख़सारों[1] की याद आई

तेरे रुख़सारों की याद आई, शबे[2] तन्हाई में
तिरे अश्कों से पलकें भर आईं, ग़मे जुदाई[3] में

कभी न होगी शायद, ये शबे तन्हाइयाँ[4] ख़त्म
यूँ ही तन्हा सदा के वास्ते[5], रह जाएँगे हम

न कोई आरज़ू[6] कि तुमको, बता सकें हम
न कोई अफ़साना[7] कि तुमको, सुना सकें हम

हँस भी ना सके थे तो, रो भी कहाँ सके थे हम
तुम ना मिले थे तो, ना था हमको कोई ग़म

सुर्ख़[8] आँखें हो गईं तो भी, ना रो सके थे हम
इक अश्क[9] भी ना गिरा, मगर रो लिये थे हम

1. गालों 2. रात 3. विरह के दुःख 4.रात का अकेलापन 5. लिए 6. इच्छा 7. कहानी 8. लाल 9. आसूँ

वक़्त गुज़र गया तो

वक़्त गुजर गया तो, गुज़रा ज़माना याद आया है
दिल की दुनिया को ख़ुद, अपने हाथों से मिटाया है

तसव्वुर[1] में तू है, हरसू[2] तेरा चेहरा नज़र आया है
क्या कहूँ कि दिल दूर हो के, तुमसे बहुत पछताया है

हसरत[3] थी कि बन के अहसास तू मेरे साथ रहे
अपनी हसरतों को ख़ुद, हमने ही मिटाया है

तेरी ख़ुशी की ख़ातिर कभी, सजदे[4] किये थे हमने
हमने तेरी क़ुर्बत[5] में आ के, अब तुझको बहुत रुलाया है

मेरी चाहत के संग, उजड़ गयी है दुनिया मेरी
अपनी क़िस्मत को हमने, ख़ुद अपने हाथों से मिटाया है

तू ही ज़िंदगी है मेरी, मेरी सदाओं ने तुझको पुकारा है
जब ना रहे सदा मेरी, ना कहना कि हमने तुम्हें भुलाया है

1. ख़्याल 2. चारों तरफ़ 3. कामना 4. प्रार्थना 5. सामीप्य

हम नहीं मुहब्बत तेरी फिर भी

हम नहीं मुहब्बत तेरी फिर भी मुझे तेरी तलाश है
तेरी आँखों में सागर, मेरी नज़रों में हलचल है

देखा आज चाँद को तो, वो भी उदास लगा मुझको
मेरी तनहाई में भी तू हमदम, पास लगा मुझको

सहमे हुये थे हम या फिर, तेरे रूबरू होने का असर है
तुम नहीं देखते हो तो, तुम पर होती हमारी नज़र है

मुझमें क्या तलाशता है, कभी तो बता मुझको
अपनी आँखों की भाषा, कभी तो समझा मुझको

ज़िक्र[2] तुम्हारा जब मिरे रफ़ीक़ों[3] के, क़ुर्बत[4] में होती है
मेरी सदायें कुछ लम्हों की ख़ातिर, ख़ामोश हो जाती हैं

मेरे तसव्वुर[5] में तुम ही, रफ़ीक़ बनकर आये हो
तेरे जज़्बों[6] का बयाँ सुने तो, जब मुलाक़ात हो

तेरे आश्ना[7] तो हम हों जब, तू मेरे साथ हो

1. समक्ष 2. चर्चे 3. प्रियजनों 4. सामीप्य 5. ख़्याल 6. भावनाओं 7. परिचित।

करके रुसवा[1] हमको तुम

करके रुसवा हमको तुम, हमें भूल जाओगे
होगें तन्हा जब भी हम, तुम याद बहुत आओगे

ज़िक्र जब भी होगें हमारे, तुम ख़ामोश रह जाओगे
तन्हाइयों में याद आयेगी हमारी,जब तुम अश्क बहाओगे

छूट जायेगा तेरा साथ रफ़ीक़ों[2] से,तुम तन्हा रह जाओगे
भुलाना जो चाहो गर हमें, तुम हमको ना भुला पाओगे

हम ना होंगे जब हाले ग़म[3], तुम किसे सुनाओगे
याद करके गुज़रे लम्हों[4] की, फ़क़त[5] तुम अश्क बहाओगे

हम होंगे तुमसे दूर तो, हमें दे के सदा[6] कैसे बुलाओगे
परेशाँ होगे जब अपने सवालों से, जी[7] को कैसे मनाओगे

तन्हाइयों में जब तुम्हें हमारी, जफ़ायें याद आयेंगी
सुर्ख़[8] आँखों में अश्क होगें, तुम बेबस, तन्हा रह जाओगे

जुदाई दे के मुझको तुम, कैसे मुझसे जुदा रह पाओगे
करके रुसवा मुझको तुम, कैसे मेरी रुसवाई[9] सह पाओगे

1. बदनाम 2. दोस्तों 3. दुःख की स्थिति 4. क्षण 5. सिर्फ़ 6. आवाज़ 7. हृदय 8. लाल 9. बदनामी

फिर किसी ख़ुशी की तलाश में

फिर किसी ख़ुशी की तलाश में, दिल रोया यूँ था
कहा मुझसे किसी ने कि तूने, ख़ुशी को चाहा क्यूँ था

क़ुर्बत में हम गये उनकी, जिसको तलाशा हरसू था
दिल तोड़ा उसने मेरा, कहा मुझसे, तूने दिल लगाया क्यूँ था

जब किया था उल्फ़त तो, अपने दस्ते करम पे पशेमाँ क्यूँ[5] था
ज़ख़्म-ज़ख़्म था दिल तेरा तो, उसकी अदाओं से हैराँ क्यूँ था

मेरी क़ुर्बत पसंद न थी तो, उसने मुझे बुलाया क्यूँ था
मुझे ख़ुशी न दे सकते थे तो, मुझे रुलाया क्यूँ था

उम्रभर जिसको याद हमने, हर एक पल किया
उसने भी याद किया हमें तो, फिर मुझे भुलाया क्यूँ था

बादल की मानिंद तू कभी, उनकी ख़ातिर बरसा क्यूँ था
उन्हें न आना था, उनकी दीद की ख़ातिर तू तरसा क्यूँ था

मुद्दतों से तेरे आश्ना हैं हम
तेरे रफ़ीक़ नहीं तो, क्या हैं हम?

1. सामीप्य 2. चारों तरफ़ 3. प्रेम 4. कार्य 5. लज्जित 6. तरह, भाँति 7. लिये 8. दर्शन 9. अवधि 10. परिचित 11. प्रिय

ये कह दो

जाओ सितारो, मेरे महबूब से ये कह दो
तन्हाई के लम्हे, बिन तुम्हारे गुज़रते नहीं

तेरा बहुत इन्तज़ार किया, हो गयी इन्तहा कह दो
सुर्ख़ आँखें हो गयी हैं, मगर अश्क बहते नहीं

आवाज़ देकर बहुत पुकारा, अब ख़ामोश हैं कह दो
ज़ुबाँ से मेरे अब, अल्फ़ाज़ अब निकलते नहीं

मुद्दतों से रहे, तेरे क़ुर्बत से महरूम ये कह दो
तुम नहीं रूबरू मेरे, तुम मुझसे दूर भी रहते नहीं

जुदाईयों में उदास हो चले हैं हम, ये कह दो
हाले ग़म बयाँ करे क्या, तुम बेख़बर हमसे रहते नहीं

तरसते हैं हम तेरे दीद को, ये कह दो
ग़र तुझे है शिकवा, कोई तो क्यूँ हमसे करते नहीं

1. क्षण 2. अंतिम सीमा 3. लाल 4. शब्द 5. अवधि 6. सामीप्य 7. वंचित 8. समक्ष 9. देखने के लिए 10. शिकायत

हर तरफ़ उदासी है

हर तरफ़ उदासी है, और हम तन्हा[1] क्यूँ हैं
इसका जवाब नहीं मिलता, कि तू बेवफ़ा क्यूँ है

मुझे मालूम है कि, रौनक़े बहार[2] हमीं से है मगर
तू है रूबरू[3] फिर भी, क़िस्मत[4] हमसे ख़फ़ा[5] क्यूँ है

हर तरफ़ अँधेरा छाया, और दिल ये सूना क्यूँ है
इसका जवाब नहीं मिलता, कि दिल में ये अँधेरा क्यूँ है

मुझको मालूम है कि, हम तेरी आश्ना[6] हैं मगर
तुम ही बताओ क़िस्मत हमारी, तुमसे फिर जुदा[7] क्यूँ है

हर क़दम है धोखा मगर, मुझमें फिर ये वफ़ा क्यूँ है
इसका जवाब नहीं मिलता, मुझमें फिर ये ख़ता[8] क्यूँ है

मुझे मालूम है कि, तू मेरी दुश्मने जाँ[9] है मगर
तुने किये सितम[10], तुम पर फिर ये दिल फ़िदा क्यूँ है

1. अकेले 2. बहार की शोभा 3. समक्ष 4. भाग्य 5. नाराज़ 6. प्रेमपात्र 7. अलग 8. नाराज़ 9. प्राणों के शत्रु 10. अत्याचार 11. मुग्ध, आसक्त

याद आ गया मुझको

याद आ गया, वो तेरा मुझसे रूठ जाना
वे गुमसुम-सी नज़रें, वो छुपके मुस्कराना

कुछ तेरी ख़ता[1] थी, कुछ मेरी ख़ता भी
करके ख़ता ख़ुद वो, हमारा भूल जाना

वो हमारा मिलना, फिर अजनबी[2] बन जाना
वो वक़्त का सूनापन, फिर ज़िंदगी बन जाना

करके बहाना तेरा कोई, वो तेरा छत पर आना
कभी तो तेरा चाँद, तो कभी चाँदनी बन जाना

करके वादे हमसे, अपनी बातों से मुकर[3] जाना
कभी तो जुदाई[4] का ग़म, कभी ख़ुशी बन जाना

हम ना भूले आज तलक[5], तेरा वो दूर जाना
बनके रहा ज़िंदगी, अब तेरा ग़मे ज़िंदगी[6] बन जाना

1. नाराज़ 2. अन्जान 3. हटना 4. अलग 5. तक 6. जीवन का दुःख

मेरे सिवा

मेरे सिवा तुझे, जिस शख़्स[1] ने चाहा होगा
अपनी आँखों में, उसने भी तेरा ख़्वाब[2] सजाया होगा

चमन के फूलों की ख़ुशबू में, तुझे तलाशा होगा
चाँद को देखा होगा तो, तेरा चेहरा नज़र आया होगा

उसने भी रफ़ीक़ों[3] से, अपने जज़्बों[4] का बयाँ सुनाया होगा
तन्हाइयों में भी उसने, तेरी यादों का साथ बनाया होगा

तेरे दीदार[5] को, इंतज़ारों का सिलसिला[6] बढ़ाया होगा
अपनी सदाओं[7] में, उसने तेरा ही अहसास पाया होगा

उसकी चाहत में भी, अपनी ही तरह दास्ताँ[8] होगा
उसके भी इंतज़ार में, अपनी ही तरह इतहाँ[9] होगा

तन्हाई को पाकर, उसने भी अश्क बहाया होगा
तेरी जफ़ाओं[10] का याद करके, उसने दिल जलाया होगा

भुलाने की तुझको, उसने भी कोशिश की होगी
न भुला सका होगा, तेरी यादों को दिल में बसाया होगा

ग़मों के दौर[11] से गुज़र कर, ख़ामोश वो भी रहता होगा
अरमान[12] ना उम्मीद[13] होंगे, आँखों को अश्कों से भिगोता होगा

1. व्यक्ति 2. सपना 3. दोस्तों को 4. भावनाओं 5. देखने के लिए 6. क्रम 7. आवाज़ 8. कहानी 9. अंतिम सीमा 10.अत्याचार 11. दु:ख की अवधि 12. इच्छा 13. आशा

तेरे आने से पहले

अश्क छलक आये थे, तिरे जाने से पहले
मुस्कान थी लबों[1] पर मिरे, तिरे आने से पहले

तन्हाई थी मेरे पास, तेरे याद आने से पहले
यूँ तो रूबरू[2] था तू, मिरे नज़र आने से पहले

मालूम ना था अन्जाम[3], तेरे पास आने से पहले
हम ना थे मायूस, तुझे दिल में बसाने से पहले

हम ना थे सितमगर[4], तेरे सितम ढाने से पहले
हम ना थे तन्हा, तुझसे दिल लगाने से पहले

हम ना रूठे थे, तुझसे तेरे मनाने से पहले
एक बार याद करेंगे तुझे, मौत आने से पहले

मगर यक़ीन[5] है न आयेगा तू, मेरे जाने से पहले

1. होंठों 2. समक्ष 3. परिणाम 4. अत्याचारी 5. विश्वास।

मुद्दतों[1] से हमें

मुद्दतों से हमें तिरे आने का इंतज़ार है
आयेगा क़ुर्बत[2] में मिरे हमें इसका ऐतबार है

मिरे अहबाब[3], तेरी जुदाई अब हमें नहीं दरकार[4] है
अश्क बहे तिरी ख़ातिर कितने, हमें कहाँ शुमार[5] है

ज.फ़ाओं[6] ने तिरी मारा और ज़ख़्म दिये तुमने मगर
हमें ना जाने अब, अपने किस हश्र[7] का इंतज़ार है

मिरे र.फ़ीक़[8], दिल पर कहाँ अब हमारा इख़्तियार[9] है
चाहत तो थी कि अब तुम्हें भूल जायें हम मगर

ख़.फ़ा[10] हो तुम हमसे यही समझ, हम ख़ामोश रहे
हमें क्या ख़बर, रूठे नहीं हो हमसे, ये तो मिज़ाजे यार[11] हैं

तन्हाई में जब भी तेरी याद आयी, आँखें पुरनम[12] हो गयीं
अश्क कहते हैं, कुछ और नहीं, ये तो फ़िराक़े यार[13] है

मुद्दतों से हमें तिरे आने का इंतज़ार है
क़ुर्बतों[14] में मिरे ना होगा तू, हमें इसका ऐतबार[15] है

1. अवधि 2.सामीप्य 3. प्रिय 4. स्वीकार 5. गिनती 6. अत्याचार 7. परिणाम, प्रलय 8. दोस्त, प्रिय 9. वश 10. नाराज़ 11. प्रिय का स्वभाव 12. भीगना, गीला होना 13. प्रिय की आदत 14. सामीप्य 15. विश्वास

किसी बहाने निकले हैं

किसी बहाने निकले हैं आँसू तो
सोचा है कि तुझे याद कर लें

मुद्दत के बाद हुये हैं तन्हा तो
सोचा है कि तुझे याद कर लें

दिल भर आया है किसी बहाने तो
सोचा है कि तुझे याद कर लें

सुकूँ न मिला उदास तन्हाइयों में
सोचा है कि तुझे याद कर लें

किसी बहाने हैं पुरनम आँखें तो
सोचा है कि तुझे याद कर लें

आँखें भर आईं तेरे तसव्वुर से तो
सोचा है कि तुझे याद कर लें

तुमसे उम्रभर का साथ रहा
हुये जुदा हम एक उम्र के बाद

आज है तेरे क़ुर्बत से महरूम तो
सोचा है कि तुझे याद कर लें

मरासिम[10] का सिला[11] बढ़ता गया
रफ़्ता-रफ़्ता[12] मेरे उम्र के साथ

आज बढ़ी है तेरी तलब[13] तो
सोचा है कि तुझे याद कर लें

1. अवधि 2. अकेले 3. चैन 4. भीगी हुई 5. कल्पना 6. जीवन भर 7. अलग 8. सामीप्य 9. वंचित 10. प्रेम-व्यवहार 11. क्रम 12. धीरे-धीरे 13. आवश्यकता

कहीं ऐसा न हो जाये

ऐसे ना तुम हमको देखो, हमको ना मुहब्बत हो जाये
कायनात है जो साँसों से, आहों में ही ना खो जाये

अभी ख़ुश हूँ ज़माने की रौनक़ में, कहीं ऐसा न हो जाये
कहीं मेरी ज़िंदगी में भी अँधेरा यूँ ही ना हो जाये

तन्हा हो के भी मिलते हैं हम, कहीं ऐसा न हो जायें
एक होकर हम फिर, यूँ ही तन्हा ना हो जायें

वफ़ा की हमसे ख़्वाहिश[4] ना करो, कहीं ऐसा न हो जाये
मुतंज़िर[5] रहो मेरे तुम, हमसे जफ़ा[6] ना हो जाये

पास अभी है तुम्हारे जहाँ वाले, कहीं ऐसा न हो जाये
ये अजनबी[7] बन जायें और तेरे दुश्मने जाँ[8] हो जायें

ये वक़्त तुम्हारा, फ़ैसला[9] भी तुम्हारा, कहीं ऐसा न हो जाये
फ़ैसला ये तुम्हारा, तेरे ग़म[10] की वज्ह[11] ना हो जाये

1. दु:खों 2. चमक-दमक और शोभा 3. अकेला 4. इच्छा 5. प्रतीक्षारत 6. अत्याचार 7. अन्जान 8. प्राणों के शत्रु 9. निर्णय 10. दु:ख 11. कारण

तुझको याद करते हैं हम जो

तुझको याद करते हैं जो, बेइंतहा[1] तो तुम क्या आते हो
मेरी मुहब्बत ठुकरा कर तुम, फिर राह से लौट क्यूँ जाते हो

मेरी दीद[2] की ख़ातिर कभी तुम, हर लम्हा बेकल[3] रहते थे
मेरा साया[4] देखकर अब तुम, मुझसे नज़र क्यूँ चुराते हो

तुम मेरे चारागर[5] थे, बीमारी की वज्ह[6] हम तुम्हें बताते तो
जब मगर इस नाज़ुक हाल में, फिर हमें छोड़ क्यूँ जाते हो

मेरा क़सूर[7] था तो सज़ा देते, इतनी भी हमसे बेरुख़ी[8] क्या
वो वज्ह क्या है, जो हमसे, इतने बेरुख़ हुये क्यूँ जाते हो

हमपर इतना सितम[9] भी क्या, तुम तो इतने सितमगर थे
मेरी ख़ातिर सिजदे[10] करके, हमपे ये करम क्यूँ किये जाते हो

तेरे तसव्वुर[11] में खोकर आँसू, जो फिर से हम बहाये जाते हैं
तस्वीर में तुम मिरे हाल पर, ख़ुद मुस्कराये क्यूँ जाते हो

1. जिसकी सीमा न हो 2. देखना 3. व्याकुल 4. परछाईं 5. चिकित्सक 6. कारण 7. दोष 8. नाराज़गी 9. अत्याचार 10. प्रार्थना 11. ख़्याल

तुम जो ख़फ़ा मुझसे हुये

तुम जो ख़फ़ा अब मुझसे हुये, तुझको हम ना मना पाएँगे
तेरे बिना जी ना सकेंगे कभी, अब हम मर भी ना पाएँगे

तेरा हर ग़म हमने बारहा सहा, ये सितम हम सह ना पाएँगे
तुम जो दूर मुझसे गये, तन्हा हो के जुदा हम ना रह पाएँगे

ये मौसम भी अब देता है, मुझको दुआ, तुझको भी है ख़बर
अब भी जो ना आये तुम, हम ख़ुद ही बरस जाएँगे

तुम ख़ुशी में सदा डूबे रहो, ये ख़्वाहिश है मेरी, ऐ मेरे हबीब[7]
तुम भी ख़बर ले लेना मेरी, वर्ना हम अश्कों में डूब जाएँगे

तुम जुदा जो मुझसे हुए, तुझे अपने क़रीब हम ना बुला पाएँगे
तुमको याद हम न रहें तो क्या, तुझे कभी हम ना भूला पाएँगे

ग़ैर रुस्वा करे जो सह लेंगे, तू करे रुस्वा हम ना सह पाएँगे
तुझसे मुहब्बत जो हमने किया, शिकवा भी हम ना कर पाएँगे

1. नाराज़ 2. दुःख 3. अत्याचार 4. अकेले 5. स्वयं 6. इच्छा 7. प्रिय 8.अलग 9. बदनाम 10. शिकायत

तुझसे मिलकर बिछड़ना पड़ेगा

तुझसे मिलकर बिछड़ना पड़ेगा, ये तो सोचा ना था
करके मुहब्बत हमें रोना पड़ेगा, ये तो सोचा ना था

तुम मेरे होगे, पहले मुझको भी इसका यक़ीं[1] ना था
यक़ीं हुआ तो तुम चले जाओगे, ये तो सोचा ना था

तेरे रूठ जाने का वो सबब[2], हम ही थे या क्या था
हम ना मना पाएँगे, तेरे रूठने पे, ये तो सोचा ना था

तुम अगर आओ भी तो क्या, अब मेरे जाने के बाद
यूँ तुमको छोड़ भी जाना पड़ेगा, ये तो सोचा ना था

मेरे हमसफ़र, कुछ फ़ासले[3] साथ चले थे जो राहों में
ताज़िंदगी[4] के वास्ते खो जाओगे, ये तो सोचा ना था

दहर[5] में जीना मुश्किल तो, यूँ ही सबका होता है
मरना भी मेरा मुश्किल हो जायेगा, ये तो सोचा न था

जाने कब मिलें अब तुमसे, तिरे[5] शहर से जो हम चले
तू मुझको कभी इतना भूल जायेगा, ये तो सोचा ना था

मेरे इश्क़ की अब शायद यही इंतहा[6] थी, मेरे रफ़ीक़
और जाने क्या-क्या था, जो हमने कभी सोचा ना था

1. विश्वास 2. कारण 3. दूर 4. जीवनभर 5. तेरे 6. अंतिम सीमा

कोई सर्द हवा[1] गुज़री तो

कोई सर्द हवा गुज़री तो लगा, उनका सलाम हो जैसे
रूबरू[2] वो गुज़रे तो लगा, निगाहों में पयाम[3] हो जैसे

ग़मे यार[4] में डूबे हैं हम, तेरी यादों में मायूस हो के ऐसे
तिरे[5] जफ़ा से नहीं, अपने ही करम[6] पे पशेमाँ[7] हों जैसे

यूँ तो कई बार सदायें देकर, तुमको पुकारा था हमने
मिरे क़ुर्बत[8] में तुम आये तो लगा, तिरा अहसान हो जैसे

तेरी आरज़ू लिये जुस्तजू[9] करते रहे, हम तिरे विरानों
तुम नज़र आये तो लगा, मिरा टूट गया अरमान हो जैसे

मेरे अश्क यूँ बहे कि तेरे रूबरू इक दरिया बन गया
ग़मगीन[10] यूँ थे, ख़ुद हो गये हों क़त्ले-आम[11] जैसे

जो मिरे थे आश्ना[12] वही अब मेरे दुश्मने जाँ[13] बन बैठे हैं
अपनी उल्फ़त में हम, अब ख़ुद हो गये परेशान हों जैसे

1. शरद ऋतु की हवा 2. समक्ष 3. संदेश 4. प्रिय का दुःख 5. तेरे 6. कार्य 7. लज्जित 8. सामीप्य 9. खोज 10. दुःख में डूबे हुये 11. सार्वजनिक हत्या 12. प्रेमपात्र 13. प्राणों के दुश्मन 14. प्रेम

अपने ही दिल को जलाते रहे

अपने ही दिल को जलाते रहे, और नग़्में हम गाते रहे
अपने ही ग़म को, अपने ही दिल से हम छुपाते रहे

ख़बर ना हो जाये तुझको कहीं, सदा हम मुस्कराते रहे
तुम पास थे जब मेरे, ख़ुद को हमेशा तुमसे छुपाते रहे

मेरा दिल देना तुझको तो, मौत से कोई कम ना था
मगर इस ख़ता का कभी, हमें भी तो कोई ग़म ना था

नज़रे मिली हैं जबसे तुमसे, दिल को जाने क्या होता है
तुमसे करके मुहब्बत अब, ये दिल मेरी जाने क्यूँ रोता है

1. गीत 2. दु:ख 3. अपराध

मुझे इस वफ़ूरे-रंज[1] में अब

मुझे इस वफ़ूरे रंज में, अब तेरी तलाश कहाँ
ख़ुद को हम बेताब करें, मुझमें इतनी प्यास कहाँ

दिल तुझसे आरज़ू[2] करे, अब वो मेरे ख़्वाब कहाँ
हम गुफ़्तगू[3] भी करें, मुहब्बत के वो जज़्बात[4] कहाँ

हम तो आग़ाज़[5] करें, मुझे अब तेरा ऐतबार[6] कहाँ
हम भी ज़ख़्म खायें, मगर मेरा वो चारागर[7] कहाँ

अब अश्क भी तमन्ना[8] करे, मगर वो बरसात कहाँ
रंजिश[9] की है तलब[10], अब वो तेरा इंसाफ़ कहाँ

मुहब्बत के चमन तूफ़ाँ में बिखरे थे अब, कुछ ऐसे
खौफ़ज़दा[11] हैं तक़दीर से, अब वो विसाले यार[12] कहाँ

1. दु:खों की बहुतायत 2. इच्छा 3. बातचीत 4. भावना 5. प्रारम्भ 6. विश्वास 7. चिकित्सक 8. इच्छा 9.दुश्मनी 10. आवश्यकता 11. भयभीत, डरे हुये 12. प्रेमी या प्रेमिका का मिलन

मैंने तुझसे करके मुहब्बत अपने ग़म का

मैंने तुझसे करके मुहब्बत अपने ग़म का, ज़रिया[1] बना लिया
मैंने तुझको कहके बेवफ़ा, एक अश्क का दरिया बहा दिया

तुझसे जुदा[2] मैं हो जाऊँ, तूने सज़ा ये मुझको सुना दिया
तूने करके मुझसे मुहब्बत, क्यूँ हाथ ये अपना छुड़ा लिया

तेरे प्यार में क्यूँ वो बेवफ़ा, मैंने हाल ये अपना बना लिया
तूने करके ज.फ़ा[3] मुझसे क्यूँ, मेरे दिल को सदमा[4] लगा दिया

मैंने तुझसे करके मुहब्बत अपने ग़म का, ज़रिया बना लिया
मैंने तुझको कहके बेवफ़ा, एक अश्क का दरिया बहा दिया

तुझको जुदा करके हमने, क्यूँ ख़ुद को सजा ये सुना दिया
तुझसे मुहब्बत करके हमने, क्यूँ ज़ख़्म[5] दिल को लगा दिया

1. कारण 2. अलग 3. अत्याचार 4. आघात, चोट 5.चोट

जब भरम टूटा मेरा

जब भरम टूटा मेरा, दिल भी मेरा टूट गया
जाने क्या था मेरा, जाने क्या-क्या टूट गया

मुझसे मिलते थे तुम, अब तुम भी मिलते नहीं
जाने क्या-क्या बात हुई, मेरा रब तो रूठ गया

मुझसे ख़फ़ा तुम होते, पास मेरे जो तुम होते
कैसे मनायें तुमको हम, साथ तेरा तो छूट गया

पास तेरे जो होते हम, तेरे लिए जो रोते हम
कैसे अब यूँ रोयें हम, अश्क मेरा तो सूख गया

साथ तेरा अपना था, फिर भी प्यारा सपना था
जागे हम नींद से तो, ख़्वाब मेरा तो टूट गया

किसको अब बतायें हम, हाले दिल सुनायें हम
सुन तो तू ही सकता था, साथ तेरा ही छूट गया

1. भ्रम 2. ईश्वर 3. नाराज़ 4. आँसू 5. सपना 6. हृदय की अवस्था

हम क्या करेंगे

जिनकी ख़ातिर[1] की हमने दुआयें[2]
उनसे गिला[3] हम क्या करेंगे

जिनकी ख़ातिर जान देने की थी चाहत[4]
उनकी जान लेकर हम क्या करेंगे

जिनसे हाले दिल[5] बयाँ हमने किया
उनसे शिकवा[6] हम क्या करेंगे

जिनको सजदा[7] हम करते हैं
उनको रूसवा[8] हम क्या करेंगे

जिनको हम दिल में बसाकर रखते हैं
उनको दिल से जुदा[9] हम क्या करेंगे

उल्फ़तों[10] में हो, जिनकी बेवफ़ाई
वो हमसे भला वफ़ा क्या करेंगे

जिसकों क़दर[11] न हो, हमारी मोहब्बतों का
उनकी चाहतों का, हम क्या करेंगे

1. लिए 2. प्रार्थना 3. शिकायत 4. इच्छा 5. हृदय की अवस्था 6. शिकायत 7. प्रार्थना 8. बदनाम 9. अलग 10. प्रेम में 11. क़द्र, सम्मान

मेरी आँखों ने जज़्बात[1] में आके

मेरी आँखों ने जज़्बात[1] में आके, आँसू बहा दिया होता
मुझे रोने की ख़ातिर, तेरा पहलू[2] जो मिल गया होता

मेरे रुख़सारों[3] की भी, प्यास बुझ गयी होती शायद
मेरे रूबरू[4] जो कभी, हमसफ़र मेरे तू आ गया होता

तेरे हाथों ने बढ़के राहों में, जो मुझे रोक लिया होता
मुझे जीने की ख़ातिर[5], तेरा सहारा जो मिल गया होता

मेरे साँसों की भी, मुद्दत[6] बढ़ गयी होती मगर शायद
मेरे रूबरू जो कभी, हमसफ़र मेरे तू आ गया होता

मेरी आँखों ने जज़्बात में आके, जो कह दिया होता
मुझे भी अपने ख़ातिर, तेरा प्यार तो मिल गया होता

तुझको पाकर मुझे, तेरा आसरा[7] मिल गया होता शायद
मेरे रूबरू जो कभी, हमसफ़र मेरे तू आ गया होता

1. भावनाओं 2. बगल 3. गालों 4.समक्ष 5. लिये 6. अवधि 7. सहारा

हमको ज़फ़ा[1] का अब तुम

हमको ज़फ़ा[1] का अब तुम इल्ज़ाम[2] न दो
कुछ भी कहो हमको मगर, बेवफ़ाई का इल्ज़ाम न दो

प्यार किया था हमने तुमसे, तुम न हमें बदनाम करो
कुछ भी कहो लेकिन, तुम बेवफ़ा हमें नाम न दो

वादा किया था हमने तुमसे, हम ना निभा पाये तो
जान ले लो चाहे हमारी तुम, जाँ ना हमपे निसार[3] करो

तुमसे जुदा[4] हो गये हम, अश्कों को ना बर्बाद करो
भूल जाओ चाहे हमको, हमको ना तुम याद करो

हमसे बिछड़ के हुये तन्हा[5], अब तुम ना मेरा इंतजार करो
ग़ैरों[6] पर आ जाये यक़ीं[7] तो, अब तुम ना मेरा एतबार[8] करो

तुम भी करो ग़ैरों के चर्चे, तुम ना मेरी बात एतबार करो
कुछ भी करो अहसास मगर, तुम ना मेरा अहसास करो

1. अत्याचार 2.आरोप 3.न्यौछावर 4.अलग 5. अकेले 6. दूसरों 7. विश्वास
8. विश्वास

बहुत उदास हूँ मैं

बहुत उदास हूँ मैं बात सुने ना, तू कैसा हरजाई[1]
रो जो दिया है पलकों ने मेरी, याद तेरी जो आई

चाह के मुझको क्यूँ भूला तू, क्यूँ दी रुसवाई[2]
तुम चले गये पास से मेरे, मैं पास जो तेरे आई

दूर हूँ तुझसे पास नहीं तू, पास मेरे है तन्हाई
बनकर के मेहरबाँ[3] मेरे तूने, क्यूँ की आश्नाई[4]

तुमने मुझसे करके तोड़ा, अपनी अहले व.फ़ाई[5]
तुने आँखों को आँसू, दिल को दी है तुने जुदाई

शिकवा[6] तो तब करूँ, जो मुझसे कभी मिले हरजाई
बदले हैं रूख़ तुने गर तुझसे दूर भी जो नज़र आई

1. हृदय चुराने वाला 2. बदनामी 3. कृपालु 4. प्रेम 5.व.फ़ा का प्रण 6. शिकायत

तन्हा[1] हूँ मगर

तन्हा[1] हूँ मगर, मिलती नहीं हैं मुझको फ़ुरसतें[2]
ख़ुद[3] से हूँ बेख़बर[4], अब ज़ख़्म[5] हैं सिसकते

सर्द हवा[6] चली है मगर, अरमाँ नहीं हैं मचलते
तेरी चाहत की आरज़ू थी, पर अब अश्क है छलकते

तेरी बज़्म[7] में आये मगर, हमसे नहीं होती मिन्नतें[8]
काश! तेरी होती इनायत[9] मगर, अब क़दम हैं बहकते

तेरे ख़्यालों में हैं खोये हैं, तेरा ज़िक्र[10] भी नहीं करते
तुझको यादों में हैं बसाये मगर, तुझसे कुछ नहीं कहते

तुम मेरे हबीब[11] थे मगर, तुम हमें नहीं थे चाहते
मेरे इश्क़ का हश्र[12] यही था, हम ये नहीं मानते

मुझको कितना सकूँ[13] था, जब तुमसे नहीं थे फ़ासले[14]
क्या कहे तुझसे हम कि, हर क़दम पर हैं हादसे[15]

तुझको माँगा था रब से मगर, पूरी होती नहीं हैं हसरतें[16]
शिकवा[17] क्या करें, हर किसी को मिलती नहीं ये मुहब्बतें

1. अकेलापन 2. अवकाश 3. स्वयं 4. अन्जान 5. घाव 6. शरद ऋतु की हवा 7. सभा 8. प्रार्थना, विनती 9. कृपा 10. चर्चा 11. प्रिय 12. अंत 13. चैन 14. दूरियाँ 15. दुर्घटनायें 16. कामना 17. शिकायत

इश्क़

देख के तुझको, दिल खो जायेगा
इश्क़ तुझे भी हो जायेगा

करना ना था, दिल कहता है
अरे तू भी, किसी से प्यार कर

उड़ जायेंगी नीदें तेरी भी
तू भी कहीं गुम हो जायेगा

तू रहना ना दिल में किसी के
तेरे दिल को दर्द मिल जायेगा

तू सहना ना तू दर्द कभी भी
कभी तेरा दिल भी टूट जायेगा

तू वो सनम ही नहीं

तेरी वफ़ा पे मरने वाले, सनम इक हम ही नहीं
तेरी जफ़ा[1] पे रोने वाले, इक हम ही नहीं

मोहब्बत का सिला क्या जाने, तू वो सनम ही नहीं
देकर ज़ख़्म[2] जो हँसते हैं, हम वो बेरहम[3] ही नहीं

तेरी आँखों में खोने वाले, इक हम ही नहीं
तेरी यादों में रोने वाले, इक हम ही नहीं

अश्कों का गिरना क्या जाने, तू वो सनम ही नहीं
देते हैं जो रहते हैं, तू वो हमक़दम ही नहीं

तेरी सदा[4] पे आने वाले, इक हम ही नहीं
तेरी ज़ुबाँ पे होने वाले, इक हम ही नहीं

दिल की सदा को क्या जाने, तू वो सनम ही नहीं
लेकर हाथों में हाथ जो चलते हैं, तू वो हमदम ही नहीं

1. अत्याचार 2. चोट 3. दया न करने वाला 4. पुकार

एक दर्द से रिश्ता

एक दर्द से रिश्ता जो बनाया था, वो मेरी ख़ुशी थी
तेरी आँखों में जो मैनें कभी देखा था, वो मेरी ज़िंदगी थी

कभी चाहा की मैं तेरी परछाईं बनूँ, किसी रौशनी के लिए
हो न सही तेरी नज़रें इनायत[1], मेरी बंदगी के लिए

कुछ तो कहा होता तुमने हमसे, साथ छोड़ने से पहले
वो अहसास ही होता पास मेरे, जो होता दो घड़ी के लिए

आज भी हम ना भूल सके, उस दर्द के रिश्ते को
जो ताज़िंदगी[3] का ही दर्द बन गया, तेरी ख़ुशी के लिए

कोई राह नहीं है जो अब तुमको, वापस मुझ तक ला सके
हम महफ़िल[4] में तन्हा भटकते हैं, थोड़ी-सी ख़ुशी के लिए

एक आस ही तेरा होता तो बहाना होता, ज़िंदगी के लिए
मेरी आँखों में भी चमक होती, तेरी राह की रौशनी के लिए

1. कृपा दृष्टि 2. भक्ति 3. जीवनभर 4. सभा

उम्र गुज़ारी हैं हमने

उम्र गुज़ारी हैं हमने, तेरी अक़ीदतों[1] के चराग़[2] जलाने में
एक तेरे इंतज़ार[3] के सिवा, कुछ भी ना बचा ज़माने[4] में

कभी तो तेरी आँखों में, हमने देखा था अक्स[5] अपना
तुझे एक अरसा[6] भी न लगा, मुझे भूल जाने में

आज तन्हा, मायूस चले जाते हैं मेरे क़दम वीराने में
कहीं दम ही ना घुट जाये अब मेरा, तेरे आज़माने में

कभी शाम था, कभी रात थी, कोशिश की थी तुझे मनाने की
ज़िद छोड़ भी दो पुरानी हो गयी, अब रवायत[7] रूठ जाने की

तेरे आस में बैठे हैं इस तरह अब, अपने ही आशियाने में
ख़ुद से हो गये हों जुदा अब जैसे, इस दिल के लगाने में

तू सनम[8] ही रहा, कोशिशें नाकाम रहीं सब, तुझे पाने की
तुझे खोकर भी हुए हैं अब रुसवा[9], हम इस ज़माने में

1. श्रद्धा 2. दीपक 3. प्रतीक्षा 4. संसार 5. तस्वीर 6. अवधि 7. परम्परा, रिवाज
8. पत्थर की मूर्ति 9. बदनाम

चले जाते हैं क़दम कहाँ

चले जाते हैं मेरे क़दम कहाँ तन्हा-तन्हा
कभी ज़िंदगी का साथ था आज क्यूँ हैं तन्हा

बेरुख़ी थी या बेवफ़ाई थी, कि मिट गया मेरा जहाँ
पुरनम[1] होती आँखें तो ठीक था, वो भी हैं कहाँ

तेरी जूद फ़रामोशी[2] पे, हमें कोई ग़म नहीं
मगर मेरी ज़िंदगी, तूने क्यूँ किया मुझे तन्हा

सवाल करती हूँ ख़ुद से, जवाब फिर भी मिलता नहीं
क्यूँ दिल के वीराने में अब भी ढूँढ़ती हूँ, तन्हा-तन्हा

तुम्हें मेरी किसी बात पे, कभी भी एतबार ना आया
अब तो ख़बर है जहाँ को भी, तेरा एतबार[3] भी है कहाँ

1. गीली 2. भुलक्कड़पन 3. विश्वास

जो अब उजड़ा है चमन

तुझसे दूर होकर ये सोचते हैं, तू पास कभी तो आई थी
दो क़दम ही सही, मेरे साथ सनम कभी तो तू आई थी

तू बसी थी कुछ इस तरह, दूर मुझसे मेरी तन्हाई थी
मुझे था बस इतना पता, कि तू मेरी आश्नाई[1] थी

तेरे होने से महफ़िल[2] में मेरे, हरदम रौशनाई[3] थी
मुझको क्या थी ख़बर कि, तू मेरी नहीं पराई थी

बिछड़ने पे अहसास हुआ, आवाज में कुछ रूखाई थी
क्यूँ रही मुझसे ख़फ़ा[4], जब मेरी रूसवाई[5] थी

1. प्रेम संबंध 2. सभा 3. रौनक़ 4. नाराज़ 5. बदनामी

निकले हैं सड़क पर अपने क़दमों

निकले हैं सड़क पर अपने क़दमों के निशाँ खोजने
बेआबरू[1] होकर जहाँ में, हम अब लगे हैं ये सोचने

मुफ़लिसी[2] के साये में घिरे तो, अब आये हैं होश में
बेआबरू होकर जहाँ में, हम अब लगे हैं ये सोचने

घबरा के जहाँ से हम क्यूँ चले गये तेरे आग़ोश में
दिल अब भी लरज़[3] उठता है, तो लगते हैं ये सोचने

तेरा क़हर क्या कम था, अब ख़ुद को लगे हैं खोजने
तेरे शहर की हवा जो लगी, पाकर तुझे रहते थे जोश में

तेरी क़ुर्बत[4] से भी डरते हैं, अब आये हैं जो होश में
ये क्या हुआ तुझको अब, जब चले हो मुझको छोड़ने

थमते नहीं हैं अश्क अब तुम्हारे, जो हम लगे हैं पोंछने
निकले हैं सड़क पर हम अपने क़दमों के निशाँ खोजने

भूलकर आये हैं तेरे घर हम, फिर से अपना पता खोजने

1. बदनाम 2. ग़रीबी 3. काँपना 4. सामीप्य

तू अपना था कभी ये अहसास

तू अपना था कभी, ये अहसास ही बहुत है
किसी पल पास था मेरे, ये ख़्याल ही बहुत है

रुक भी जायें, अगर ये धड़कनें मेरी फिर भी
तेरे संग, चंद लम्हों[1] की मुलाक़ात ही बहुत है

हम कब ज़िंदगी की ख़ातिर मिन्नतें करते हैं
हो चुके हैं जो ख़ाक[2], वो जज़्बात ही बहुत हैं

शाख़[3] से गुल क्या पत्ते भी जुदा हो जाते हैं
बस तेरी जुदाई का, वो अंदाज़ ही बहुत है

तुझे कब हमने कभी ठुकराया था, मेरे हबीब
अपने ज़ख़्मों को हमने कभी भरने ना दिया

तू आयेगा कभी, अब ये आस ही बहुत है

1. कुछ पलों की 2. नष्ट 3. टहनी 4. चोट

आदमी से नहीं खिलौने से प्यार

आदमी से नहीं खिलौने से प्यार जताते हैं लोग
कितने नादाँ[1] हैं बेजान से दिल लगाते हैं लोग

अपनों से नहीं ग़ैरों से प्यार जताते हैं लोग
कितने बेपरवा[2] हैं, जो अपनों को रुलाते हैं लोग

ताज़िंदगी[3] साथ निभाने की क्यूँ क़समें खाते हैं लोग
सफ़र में ही जब तन्हा, हमें छोड़ जाते हैं लोग

जो हमदर्द थे कभी, मुसीबतों में कहाँ नज़र आते हैं लोग
कितने बेवफ़ा हैं, बारहा[4] मजबूर हो जाते हैं लोग

जब साथ थे तुम तो, हमसे जल जाते थे लोग
अब जो हूँ तन्हा तो कितना अब सताते हैं लोग

अपने हमदम पर करके सितम हक़ जताते हैं लोग
कितने सितमगर[5] हैं, करके सितम एहसान जताते हैं लोग

1. बेवक़ूफ़ 2. लापरवाह 3. ज़िंदगी भर 4. बार बार 5. अत्याचारी

तेरी ख़ुशबू

उस फ़िजाँ में साँस लेना गवारा[1] नहीं
जिसमें बसी हो ख़ुशबू तेरी

घुटता है दम हमारा, उस फ़िजाँ[2] में
जिसमें बसी हो ख़ुशबू तेरी

कभी वही जन्नत[3] थी, मेरी दुनिया थी
उस जहाँ में जीने की चाहत बसी थी

जिसमें बसती थी कभी ख़ुशबू तेरी

1. स्वीकार 2. वातावरण 3. स्वर्ग

घबराता है अब दिल

आँखें आज उस मंज़र[1] को, याद करतीं नहीं
घबराता है अब दिल, उस मंज़र से

जो एक क़सक, एक टीस बनकर उभरती है
घबराता है अब दिल उस बवंडर[2] से

आँखें आज भी मेरी सैलाब[3] हैं, सुर्ख़[4] हैं
घबराता है अब दिल उस समंदर[5] से

जो ज़िंदगी भर का सोग[6] दे गया मरासिम[7]
घबराता है अब दिल उस ख़ंजर[8] से

1. दृश्य 2. तूफ़ान 3. समुद्री तूफ़ान 4. लाल 5. समुद्र 6. शोक 7. प्रेम सम्बन्ध 8. चाक़ू